민족종교 동학의 교조

# 수운 최제우 평전

민족종교 동학의 교조

# 수운 최제우 평전

김 삼 웅

두레

# 일러두기

1. 본문에서 인용한 『동경대전』과 『용담유사』의 글 중 출처를 따로 표시하지 않은 것들은 천도교 홈페이지(www.chondogyo.or.kr)의 자료를 그대로 옮긴 것들입니다.
2. 본문에 실린 사진과 이미지는 천도교에서 제공해주었습니다(단, 34, 181, 263쪽 제외).
3. 『동경대전』의 원문은 '계미중하(癸未仲夏) 경주개간(慶州開刊) 목판 영인본'이며, 『용담유사』의 원문은 '계미중추(癸未仲秋) 북접신간(北接新刊) 영인본'입니다.

추천하는 글

# 가장 객관적 입장에서 가장 공정하게 쓴 최제우 평전

동학 천도교를 하는 사람으로서 지금처럼 기쁜 순간이 더 있을까 싶다. 기다리던 수운 최제우의 평전이 출간되니 어찌 기쁘지 않겠는가. 지금까지 최제우 평전이 없었던 것은 아니지만 대부분 천도교인들이 쓰거나 아니면 지나치게 학술적으로만 접근해서 수운 최제우는 여전히 거리가 먼 특정 종단의 위인이거나 과거의 인물로 치부되었다. 그러나 김삼웅 전 독립기념관 관장님이 저술한 최제우 평전은 가장 객관적 입장에서 가장 공정하게 저술되었기에 감사의 말씀을 먼저 드린다.

관장님은 오랜 기간 동안 대한민국 근현대사 인물들의 평전을 저술해, 그 인물들을 우리 곁에 훨씬 쉽고 가까이 있는 우리들의 인물로 그려왔다. 그의 평전은 인물의 위대한 점과 함께 부족한 점까지도 가감 없이 사실 그대로를 생생하게 전달하는 것이 큰 특징이다. 그래서 위대한 인물도 인간적인 면이 부각되고, 그래서 더욱 정감이 갈 수밖에 없는 인물로 재탄생되었다.

언젠가 관장님의 손으로 동학 천도교의 교조인 수운 최제우의 평전도 나올 수 있다면 얼마나 좋을까 생각했는데 불현듯 그날이 다가온 것이다. 진심으로 고맙고 감사드린다.

비로소 수운 최제우의 인간적인 면이 드러나고 그동안 신비화된 측면들은 걷어질 것이다. 그것은 결코 위대한 스승에 대한 폄하가 아니라 그의 고뇌에 함께 동참하고 그의 고난의 길에 동행하는 방법이 될 것이라고 믿기 때문이다.

인간 최제우는 동학을 창도하고 그것을 세상에 펴다가 1864년에 성리학 이외의 어지러운 학문으로 세상을 현혹했다는 죄목으로 참수형을 받은 사람이다. 동학을 창명한 이후 그의 활동은 매우 짧았다. 그러나 그가 없었다면 우리의 근대가 결코 자랑스럽지 않았을 것이다. 우리의 근대는 동학의 출현으로 시작되었기 때문이다. 내가 왜 역사의 주인이고 주체인지를 자각한 사람들(서양 개념으로는 시민)의 등장이 근대의 시작이라고 했을 때 우리나라는 다른 제3세계의 나라들과 달리 서양의 강요된 근대 이전에 이미 동학을 통해서 자각한 민중들이 등장한 것이다. 그들 자각한 민중은 내 손으로 미래의 세계를 만들어보겠다고 했다. 그것을 동학에서는 개벽된 세상이라고 한다.

1860년 4월 5일 득도를 한 수운 최제우는 자신의 득도에 대한 경계심에 이후에도 1년 가까운 수련생활을 계속했다. 이듬해인 1861년 6월부터 비로소 주변에 자신의 체험과 득도 과정을 전파하기 시작했다. 무엇보다도 양반이나 천민이나 차별 없이 시천주侍天主한 인간, 즉 사람은 누구나 한울님을 모신 존귀한 존재라는 주장은 당시의 신분적 폐해가 극심했던 조선 사회에 커다란 충격이었다. 수운의 이러한 지적에 동의하고 함께하고자 했던 이들은 양반과 상놈을 가리고, 적서차별을 일삼으며, 관존민비와 사농공상의 신분적 질서사회에 질리고 지친 사람들이었다.

기존의 틀에 박힌 사회구조에 얽매이던 조선 사회의 주류 밖에 있던 사람들, 사회적 소외자들에게는 구원과도 같이 들린 수운의 외침에 수많은 사람이 감동하여 찾아왔다. 그들이 답례품처럼 가지고 왔던 곶감 꽂이만으로도 동네 사람들이 땔감을 했을 정도라고 하니 당시 수운의 외침에 대한 파장이 얼마나 컸는지 잘 알 수 있다. 그러나 이같이 주변 사람들의 이목이 집중되면서 당연히 관이 이를 수상히 여기고 감시하는 등 수운에 대한 관의 압박과 탄압이 심해져갔다. 이에 수운은 고향 경주를 떠나 멀리 전라도 남원의 깊숙한 심심산골에 숨어들었다.

수운은 교룡산의 선국사 말사인 암자에 방을 하나 얻어 스스로 은적암隱跡庵이라 짓고, 이곳에서 자신의 사상을 정리하여 완성했다. 여기서 지은 「논학문」에서 그는 자신의 도를 동학(우리 땅인 동방에서 나온 학문)이라고 명명했다. 이전까지는 무극대도라고 했던 수운의 도가 비로소 동학이라는 명칭으로 탄생한 것이다. 영남의 경주 용담에서 탄생한 동학이 호남의 남원 은적암에서 완성된 것이다. 집으로 돌아온 뒤 체포된 수운 최제우는 대구에서 처형되었으나, 그가 남긴 위대한 사상과 정신 그리고 교리는 이후 한국 근대사에 절대적인 영향을 미쳤다.

우리가 기억하는 1894년의 동학혁명이 왜 일어났을까? 그 참여자들이 번연히 희생될 것을 알면서도 손에 손에 죽창을 들고 분연히 일어선 이유는 무엇일까? 그들을 꺼지지 않는 들불이라고 하는 이유는 무엇일까? 동학군들이 꿈꾸었던 개벽된 세상은 어떤 세상이었을까? 이 모든 질문의 출발은 수운 최제우이다. 그를 이해하는 것은 곧 19세기 민중의 염원을 이해하는 방법이다.

많은 학자는 수운 최제우를 왜 근대 한국의 대표적인 지성인이자 사상가로 평가하는가? 왜 그는 다른 선비들과 달리 책상물림에서 벗어나 민중 속으로 들어가서 그들의 염원이 무엇인지를 파악하고 그것을 해결해줄 방도를 고민했는가? 왜 조선 말기부터 민족종교라는 새로운 세력이 생겼고, 그들이 모두 시조로 꼽는 인물이 수운 최제우인가? 모든 해답은 이 책 속에 담겨 있다. 이 작은 책자에 수운 최제우에 대한 의문들을 다 해소할 수 있는 김삼웅 선생님의 능숙한 글쓰기의 능력 덕이다.

오늘의 평전이 나오기까지 공들여 동학 천도교사를 탐독하고, 수많은 논문을 읽을 뿐 아니라 또 직접 경주 등 수운 최제우의 흔적을 찾아 나서서 문자 속의 수운이 아닌 우리 곁의 수운으로 재창조해준 김삼웅 선생님을 옆에서 지켜보면서 존경심이 배가 되었다. 진심으로 감사의 인사를 드린다. 바라기로 욕심을 보인다면 이제 수운의 뒤를 이어 36년 동안이나 전국을 숨어다니며 동학의 진리를 전하고 실천한 해월 최시형에 대한 평전이 나오기를 기대한다. 최보따리 해월의 36년의 고행길을 이해해야만 조선 건국 이래 최대 사건인 1894년 갑오년의 동학혁명을 이해할 수 있기 때문이다.

다시 한번 김삼웅 선생님께 감사함을 표한다. 고맙습니다. 수고하셨습니다.

임형진

(천도교종학대학원 원장, 경희대 후마니타스칼리지 교수)

# 차례

## 1. 내우외환에 시달리던 조선 말기의 태백성

1864년 3월 10일, 수운 최제우 水雲 崔濟愚는 대구 감영에서 41살의 나이로 '순도 殉道'(정의나 도의를 위해 목숨을 바침)했다. 수운은 부패한 주자학 중심의 왕조체제에 도전하고, 서세동점 西勢東漸의 서학에 대항하면서 우리고유의 사상, 철학, 종교인 동학, 곧 민족종교 동학을 창도했다. '사람이 곧 한울'이라는 인권사상을 포교하던 그였지만 '혹세무민 惑世誣民'이라는 죄목으로 참형되었다.

역사적으로 어느 국가든 말기에 이르면 각종 이변이 속출한다. 종말론이 나오고, 괴질이 번지고, 민란이 발생한다. 예언자가 출현하고, 신흥종교가 생겨나고, 혁명가도 등장한다. 자연적인 재이 災異 현상이 나타나고, 홍수·기근·폭설·가뭄·화재·흉년이 거듭되며, 비적·화적·산적·해적 등 도적 떼가 세상을 어지럽힌다. 지배층은 부패하고, 탐관오리의 가렴주구로 백성들의 원성은 하늘을 찌른다.

조선 후기는 이보다 더하면 더했지 덜하지 않았다. 19세기 중엽의 조선은 척족의 세도정치, 삼정의 문란, 주자학 일변도 유교의 타락, 반상차별과 계급갈등, 서학西學의 전래와 이양선 출몰, 도참비기와 무격巫覡신앙, 각종 괴질의 창궐 등으로 위기의식이 매우 고조되던 때였다.

게다가 '양이洋夷', 즉 서양 오랑캐의 중국 침공은 조선 조야朝野(조정과 민간)의 민심을 크게 동요시켰다. 조선은 임진왜란(1592~1598)과 병자호란(1636) 이후 심각한 내우외환에 맞닥뜨리게 되었다.

이때 조선에서는 1862년의 진주민란을 시작으로 1894년의 동학혁명에 이르기까지 전국에서 70여 건의 민란이 발생했다. 또한 비슷한 시기에 흉년과 관리들의 수탈을 견디지 못한 함경도와 평안도 주민 10만여 명이 만주와 러시아로 이주하고, 괴질로 수천 명이 떼죽음을 당하기도 했다. 나라의 말기 증상들이 우후죽순 나타나고 있었다.

각지에서 민란(민요)이 끊이지 않고 사회적 모순 현상이 심해지자 고종 내각의 우의정 조병세趙秉世는 이를 다음과 같이 지적했다.

(1) 공사公事가 너무 문란하며,

(2) 왕의 근신近臣들은 직간을 피하고 아부를 일삼음으로써 왕은 허위 보고만을 들을 뿐이고,

(3) 형벌이 정실에 흘러 기강이 잡히지 않고,

(4) 관리는 민정民政을 조정에 반영시키지 않으며,

(5) 관리들은 적절한 급여를 받지 못해 국민의 고혈로 생계를 유지하며,

(6) 이러한 사회악은 금권과 직결되어 있어서,

⑺ 매관매직이 성행하고,

⑻ 국가의 기강이 문란해짐에 따라 왕에 대한 신하로서의 후원과 협조가
   결여되어 있다.¹

전라도 강진에서 유배살이를 한 다산 정약용의 작품에 〈애절양哀
絶陽〉이라는 시가 있다. '절양絶陽'이란 남성의 생식기를 자른다는 것
을 뜻하고, 〈애절양〉은 이런 비극적인 사건을 슬퍼하는 심경을 읊은
시이다. 이 시는 농민이 자신의 생식기를 스스로 자른다는, 고금에
없는 처절한 시대상을 담고 있다.

갈밭마을 젊은 아낙 울음소리 길기도 해
관청의 문 향해 울다 하늘 향해 부르짖네
수자리 살러 간 지아비 못 돌아옴 있었으나
옛날 이래 사내가 남근 자른다는 건 못 들었네
시아버지 상복에 갓난애 배냇물도 마르지 않았는데
조·부·자 삼대의 이름이 군적에 올랐네
가서 호소하고 싶지만 관청 문지기 호랑이 같고
이정이 으르렁대며 진즉에 소 끌어갔네
칼 갈아 방에 드니 흘린 피 자리에 흥건하고
혼자 한탄하길 애 낳은 죄로 군색한 액운 당했다네!
누에 치던 방에서 불알 까던 형벌도 억울한데
민閩의 거세 풍습은 참으로 비통했네
자식 낳고 살아가는 이치, 하늘이 주시는 일

천도는 아들 주고 곤도는 딸을 주지

말이나 돼지 거세도 가엾다 말하거늘

하물며 우리 백성 자손 잇는 길임에랴!

부호들은 1년 내내 풍악 울려 즐기지만

쌀 한 톨 비단 한 치 바치는 일 없더구나

너나 나나 한 백성인데 어찌하여 후하고 박한 거냐

나그네 방에서 거듭거듭 시구 편을 외우네.[2]


이렇게 내우외환이 끊이지 않던 조선 말기에 경상도 변방에서 홀연히 한 혁명가가 나타났다. 저녁때 서쪽 하늘에 태백성太白星(금성 또는 개밥바라기)이 모든 별보다 먼저 떠도 사람들은 대부분 이를 알지 못한다. 수운 최제우는 조선 말기의 태백성 같은 사람이었다.


## 2. 수운, 한국 근대사를 통과하는 '관문'

량치차오梁啓超의 평전을 쓴 셰시장解璽璋은 "개인 전기를 중국 근대사로 쓰는 일은 오직 량치차오의 경우에만 가능하다"라고 말했다. 우리나라에서 량치차오와 비견될 만한 인물은 누구일까?

한국 근대사, 한국 종교사, 한국 사상사, 한국 철학사, 한국 민중사, 한국 풍류사, 한국 혁명사, 한국 여성사, 동학혁명사 등을 연구하기 위해서는 반드시 통과해야 하는 '관문'이 하나 있다. 수운 최제우다. 그는 한국 근대사의 관문을 연 수문장이었다.

수운 최제우.

그가 내건 보국안민·포덕천하·광제창생이라는 슬로건은 낡은 지배층에
대한 혁명적 반발이었고, 그가 제기한 보국의 주체로서의 창생은 근대적
민중층의 대두와 활용을 예견한 것이었다. 그는 조선의 양반사회에서 소
수 특권층이 담당했던 보국안민의 과제를 민중 속으로 끌어내려 민중이
주축이 되게 만들려 했고, 소외되었던 민중들을 한울님을 모신 군자로 탄
생케 하는 가르침을 폈다.[3]

  조선 말기 한국 사회의 종교적 위기 현상과 동학東學의 태동을 일
본 학자는 다음과 같이 매섭게 진단했다.

  유교는 명절名節에 얽매어 현묘玄妙의 역域을 모르고, 불교는 적멸寂滅하
여 인륜人倫을 끊고, 도교는 자연에 유적遊適하여 치평治平의 술術을 갖지

못했다. 그런데 동학은 원래 유도, 불도, 선도 아니고 유불선을 합일한 것이다. 천도가 유불선에 유래된 것이 아니고, 유불선이 천도의 일부분이 되는 것이다.[4]

위기는 기회라는 말이 있듯이 조선 말기 사회가 미증유의 위기상황에 놓여 있을 때 수운 최제우가 나타났다. 물[水]과 구름[雲]은 천지 생명의 근원이라 하여 호를 수운이라 짓고, 어리석은 세상[愚]을 건진다[濟]는 뜻으로 이름을 제우라 했다. 도[道]의 극치에 이른다는 의미로 자[字]를 성묵[性黙]이라 불렀다.

수운의 동학 창도야말로 근대 한국의 역사에서 일대 획기적 전환점이었다고 할 수 있다. 정치적으로는 부패한 양반 지배층의 몰락을 고하는 경종이었고, 사상적으로는 자각된 민중사상 시대로 접어드는 계기가 된 것이다. 그가 짓눌리기만 하던 민중의 가슴에 피워올린 봉화의 햇불은 계속 타올라 근대 한국 사회를 크게 변화시키는 계기를 형성했다.[5]

최제우는 한국사에서 전근대의 낡은 성벽을 뚫고 근대의 문을 연 인물이다. 동학 창도라는 종교사적인 측면에서뿐만이 아니다. 그는 안으로는 군왕과 양반 위주의 유교적 반상체제를 거부하면서 사민평등사상을 내세우고, 밖으로는 서세동점으로 밀려오는 서학에 대항하는 민족주의 사상의 원동력을 일깨웠다.

일반적으로 동학을 민족종교의 한 지류이거나 배타적인 국수주의 이데올로기라고 생각하는 경향이 있다. 그러나 천도교 중앙총부 종무원장을 지낸 오익제는 이렇게 말한다.

혹자는 동학이라면 독선적인 민족지상주의를 연상하는 독단의 경향을 보이고 있다. 그러나 동학의 민족주의는 보수적 수구의 양이사상攘夷思想과 본질적으로 질을 달리한다. 이를테면 중세적 중화주의中華主義를 모화하는 사대주의적 요소를 내포한 위정척사운동과 대립되는 근대적 성격을 가진다. 동시에 동학은 그 역사적 전개과정에서 수구세력과도 대립하고 당시 외세를 배경으로 하는 개화파와도 이를 용납지 아니했던 사실史實을 주시해야 할 것이다.

그리고 동학-천도교의 민족주의는 전봉준 공초供草와 3·1 정신에서 드러난 바와 같이 배타적 저항적으로만 일주하지 아니하고 민족자존과 공존공영의 정신이 더욱 강조된 사실에 주목을 요하는 것이다.[6]


## 3. '사람이 곧 한울이다'

최제우가 1800년대 중반 동학을 창도하고 포교하다가 41살의 나이에 '혹세무민'이라는 죄목으로 효수를 당한 것은 개인적으로는 불행한 생애였다. 그러나 이 사건은 역사적으로 한국 근대의 문을 열었다는 커다란 의미를 담고 있다. 무릇 역사상 혁명가들이 대부분 자신이 주도하는 변혁의 수레바퀴에 깔리고 그 핏값으로 시대를 변화시켰듯이, 최제우도 그런 혁명가들과 다르지 않았다.

최제우는 중화사상을 근간으로 하는 화이론적華夷論的 동북아 국제질서에서 조공국가의 신민臣民의식을 탈피하여 자주와 근대적 평등사상을 제시한 혁명가이다. 우리 역사상 처음으로 백성들에게 '사람이 곧 한울'이라는 인격의 존엄성과 근대적 민족의식을 일깨운 선각자이다. 또한 그는 유·불·선 삼교를 회삼귀일回三歸一하여 주체적 독자성을 통해 동학이라는 고유한 종교를 창도했다. 곧 민족종교의 창시자이다.

송월당松月堂이란 노승이 "선생은 불도佛道를 좋아하십니까?" 한 데 대해 최수운은 "나는 불도를 좋아하지요" 했다. 이어 "유도儒道를 좋아하십니까?"라는 물음에 "나는 유도를 좋아하나, 유생은 아니오"라고 했다. 세 번째로 "그러면 선도仙道를 좋아하십니까?"라는 물음에도 수운은 "선도는 하지 않으나 좋아하지요"라고 했다.

노승은 수운이 승려도 유생도 선도도 아니면 무엇이란 말인지 종잡을 수 없었다. 이에 수운은 "유도, 불도, 선도 아니고 그 전체의 원리를 사랑합니다"라고 했다.[7]

단재 신채호(1880~1936)는 중국 망명지에서 쓴 사론史論 「낭객의 신년만필」(1925)에서 우리나라 종교의 외래주의와 사대성을 다음과 같이 신랄하게 비판한 적이 있다.

우리 조선 사람은 매양 이해 이외에서 진리를 찾으려 하므로, 석가가 들어오면 조선의 석가가 되지 않고 석가의 조선이 되며, 공자가 들어오면 조선의 공자가 되지 않고 공자의 조선이 되며, 무슨 주의가 들어와도 조선의 주의가 되지 않고 주의의 조선이 되려 한다. 그리하여 도덕과 주의를 위하여 조선은 있고 조선을 위하는 도덕과 주의는 없다.

아! 이것이 조선의 특색이냐. 특색이라면 특색이나 노예의 특색이다. 나는 조선의 도덕과 조선의 주의를 위하여 곡하려 한다.[8]

기성 종교들이 대부분 내세신앙을 핵심축으로 삼고 있는 데 비해 최제우가 창도한 동학은 현세에서 보국안민과 지상천국설을 제창했다. 물밀 듯이 밀려오는 외래 사조와 엄격한 신분제도, 적서차별과 반상차별의 세태에서 국민의 절대다수인 민중들에게는 보국안민과 현세복락보다 시급한 구원의 길은 없었다.

최제우는 10년의 구도과정에서 '신神 체험'을 겪는다. "갑자기 마음이 춥고 몸이 떨리는 심한신전心寒身戰의 강령 체험"이었다고 한다. 그동안 우리 사회는 예수나 마호메트의 '신 체험'은 믿고 받들면서 민족종교의 신 체험은 '신들림'의 미신으로 취급했다.

예수는 유대인이었으나 그의 하나님 체험과 하나님 의식은 우주적 보편 종교를 형성했고, 마호메트는 아라비아 부족 종교지도자였으나 그의 신 체험과 계시 체험이 우주적 보편종교로서 민족주의의 한계를 극복함과 같은 것이다.

동학의 발생은 근원적 최수운의 '시천주 체험'에서 기초하고 있으며, 동학을 동학 되게 하고, 천도교를 천도교답게 하는 그 본질 핵심도 바로 시천주 체험인 것이다. '시천주'는 "동학의 여러 교리들 중의 하나가 아니라, 동학의 주춧돌이며, 동학을 살아 움직이게 하는 심장 역할을 하는 가르침이며, 동학이 당시 민중과 현대인들을 끌어당기는 본질적 힘"이다.[9]

동학은 여러 가지 면에서 한국 전근대의 막을 내리고 근대의 문을 열게 하는 역할을 했다. 무엇보다 민족종교의 원류가 되고, 교조신원운동과 복합상소운동은 근대적 시위의 근원이 되고, 동학혁명은 반봉건·반외세 투쟁의 횃불이 되고, '시천주侍天主', '인내천人乃天'과 '사인여천事人如天'의 신앙은 국민주권사상의 마중물 역할을 했다. 동학을 모태로 하는 천도교는 3·1 혁명의 주체가 되고, 3·1 혁명은 마침내 대한민국 임시정부 수립의 바탕이 되었다.

## 4. 최제우의 역사의식

수운 최제우는 종교 창도자인가, 개혁사상가인가, 혁명가인가? 그의 행적과 이적과 업적을 살펴보면 그는 이 모든 것을 종합한, 그래서 우리나라 역사에서는 매우 보기 드문 인물에 속한다. 그가 창도한 동학東學은 단순히 서학西學에 반대하거나 대칭되는 이데올로기가 아닌, 유·불·선·풍류·무속·주술·풍수지리설에 이어 영부·주문 등 민간신앙적 요소까지 수렴하여 독특한 신앙체계를 확립한 민족종교이다.

그뿐만 아니라 구舊왕조의 질서에서 보국안민·광제창생, 신분타파와 남녀평등을 내세우는 근대적 민중의 출현을 일깨운 개혁주의자이고, 지배층의 종복이 아닌 새 세상의 주인[侍天主]을 내세워 '후천개벽'을 통한 지상천국건설론을 제시한 혁명가이다. 혁명사상의 불씨는 전봉준의 동학혁명으로, 이는 다시 해월 최시형과 의암 손병희의 인시천人是天·인내천 사상으로 이어지고, 마침내 3·1 혁명의 불꽃으로 타올랐다.

일제는 유독 동학을 비롯하여 민족종교를 가혹하게 탄압하고 말살시키고자 했다. 3·1 혁명이 끝난 뒤 조선총독부는 천도교의 운영자금을 몰수했다. 게다가 1925년에 『조선의 유사종교類似宗教』라는 서적을 간행하면서, 개신교·천주교·불교는 종교로 분리하여 총독부 학무국 종교과에서 관리토록 했으나 천도교와 대종교·동학교·단군교·보천교·증산도 등 민족종교와 미륵불교·불법연구회 같은 항일불교는 '유사종교'로 낙인찍어 총독부 경무국에서 별도로 관장토록 했다. '총독부 경무국'은 치안을 담당했던 곳으로, 한국인들에게 '악의 소굴'로 불린 악명높은 기관이었다. 일제는 동학(천도교)을 "종교의 탈을 쓴 불온단체"로 몰았던 것이다.

이처럼 일제가 천도교를 가혹하게 탄압한 이유는 동학농민혁명과 3·1 혁명의 중심에 동학정신이 작동하고 있다고 판단했기 때문이다. 그 결과 동학의 후신인 천도교는 일제강점기에 극심한 탄압을 받고 교세가 크게 약화되었다.

일본의 지배에서 해방된 뒤에도 외래종교에 밀린 천도교는 남북통일운동에 앞장서다가 독재정권으로부터 가혹한 탄압을 받았다. 현재 북한에서는 북조선천도교 청우당이 북조선노동당 외에 유일하게 정당으로 존재하고 있다. 그러나 북한에서도 1950년에 '영우회 사건' 등으로 다수의 천도교인이 투옥되는 일이 있었다.

최제우의 역사의식은 국치 이후 민족사학자들에게 올곧게 전수되었다. 『용담유사』의 「안심가」에서 수운은 일본을 '개 같은 왜적'이라고 부르는데, 이런 호칭은 임진왜란 이후 민중의 대일감정이 어떠했는지를 그대로 보여준다.

개 같은 왜적놈을 (개 같은 왜적놈을)

한울님께 조화 받아 (한울님께 조화 받아)

일야一夜에 멸멸滅하고서 (하룻밤에 멸하고서)

전지무궁傳之無窮 하여 놓고 (영원토록 전해놓고.)

대보단大報壇에 맹세하고 (대보단에 맹세하고)

한汗의 원수 갚아보세 (한에게 당한 원수 갚아보세.)


나라의 운수가 점차 저물어가는 것을 지켜보면서 최제우는 근심 걱정에 밤잠을 이루지 못한 날이 많았다. 「안심가」에 그 심정이 잘 드러나 있다.


가련하다 가련하다 (가련하다, 가련하다.)

아국 운수 가련하다 (우리나라 운수가 가련하다.)

전세前世 임진壬辰 몇 해런고 (임진왜란이 일어난 지 몇 해나 되었는가.)

이백사십 아닐런가 (이백사십 년이 되지 않았는가.)

십이제국十二諸國 괴질怪疾 운수 (온 세상의 괴질 운수)

다시개벽開闢 아닐런가 (다시 개벽 아닐런가.)

요순성세堯舜聖世 다시 와서 (태평성대가 다시 와서)

국태민안國泰民安 되지마는 (나라와 백성이 모두 편안해지겠지만.)

기험崎險하다 기험하다 (험하구나, 험하구나.)

아국 운수 기험하다 (우리나라 운수가 험하구나.)


동학 연구에도 일가견이 있는 도올 김용옥 교수는 동학을 이해하는 데에는 적어도 다음 여섯 가지 전승이 필요하다고 한다.

첫째는 수운의 오리지널한 생각을 담은 『동경대전』과 『용담유사』라는 바이블적 성격의 원사료 전승, 둘째는 해월의 설법과 그를 이은 조사祖師들의 설법 전승, 셋째는 동학의 민중운동과 갑오농민전쟁을 둘러싼 동학혁명사와 관련된 우수한 자료 전승, 넷째는 천도교사를 중심으로 한 교단 내의 사료 전승, 다섯째는 교단 밖의 구전 전승, 그리고 여섯째는 남아 있는 유적지의 발굴을 통한 산 자료 전승 (하략).[10]

최제우는 인간의 평등뿐만 아니라 자연과 인간을 동일체로 인식했다. 대인천待人天 사상을 중심으로 모든 인간의 존엄성을 인정하면서 유교의 여성억압적 질서를 비판하고, 인간이 자연과 더불어 공동체로 살아가는 지상천국 건설을 설파했다.

음수사원飮水思源이라는 말이 있다. "물을 마실 때는 그 근원을 생각해보라"라는 뜻이다. 『수운 최제우 평전』을 쓰는 이유이기도 하다.

# 2. 출생과 성장기

## 1. 고운 최치원의 후예

최제우는 1824년 12월 14일(음력 10월 28일) 경상북도 경주군 현곡면 가
정1리 315번지에서 아버지 최옥崔鋈과 어머니 청주 한씨 사이에서 태
어났다. 아버지는 호가 근암近庵이었으며, 그 지역에서는 널리 알려
진 선비였다.

최제우는 신라 말기의 석학 고운孤雲 최치원崔致遠의 후예이다. 한
말의 지사 매천 황현이 『매천야록』에서 고운의 유언을 전하면서 "최
고운이 유언하기를 나의 25대 후손 가운데 성자가 나올 것이라고 했
는데, 수운 최제우가 바로 그 유언에 해당된다"라고 했다. 이 같은 기
록은 『신라외사新羅外史』에도 전해진다.

최제우는 최치원의 호인 '고운'을 따서 '수운水雲'이라 지을 만큼 고
운의 정신을 기렸다. "사람들이 모두 하늘이 하늘인 줄을 알면서도
자기 자신이 한울인 줄은 알지 못한다"라고 한 고운의 말은 뒷날 25

최치원(왼쪽)과 최진립 초상화.

대 후손인 수운의 '시천주侍天主' 사상으로 이어졌다.

신선이 옥침을 베니 순식간에 천년이 되었네

일만 골짝이엔 우레소리 울리고 일천봉우리엔 비 맞은 초목 새로워

산승은 세월을 잊고 나뭇잎으로 봄을 기억하네

비뒤의 댓빛이 고아 자리를 흰구름 사이로 옮기고

적막해 나를 잊었는데 솔바람이 베개 위에 스치네

봄에는 꽃이 땅에 가득하고 가을엔 낙엽이 하늘을 덮었는데

"지극한 도는 문자를 여의고 원래 눈앞에 있다네"

시냇물 처음 나는 곳 솔바람이 움직이지 않을 때

소쩍새 소리 귀에 들리니 그윽한 흥취 알 수 있으리

산중의 흥취 말은 들었다지만 어느 사람이 이 기틀을 알리

무심코 달빛 보며 묵묵히 앉아 기틀을 잊었네

소나무 위엔 담쟁이 넝쿨 얽히고 시내 가운데는 흰달이 흐르네

절벽 위엔 폭포소리 웅장하고 온 골짜기엔 눈이 날리는 듯하네.[2]


최제우가 성장하면서 자랑스러워했던 선대 중에는 7대조 최진립崔
震立이 있다. 조선 선조 시대에 무과에 급제하고, 정유재란 때에 결사
대를 이끌고 서생포에서 왜병을 무찔러 큰 공을 세운 인물이다. 공주
영장으로 있을 때 병자호란이 일어났는데, 인조 임금이 머물던 남한
산성이 청군에게 포위되자 최진립은 69살의 나이에도 임금을 구원하
고자 군사를 일으켰다. 그러나 그가 이끌던 군사가 경기도 용인에 이
르렀을 때 적의 공격을 받았고, 전투 끝에 그는 장렬하게 전사했다.

조정에서는 병조판서를 추증하고 정무공貞武이라는 시호를 내렸
다. 1699년(숙종 25년)에는 그의 공덕을 기리기 위해 경주 남쪽 용산 밑
에 사당을 세우고 임금이 숭렬사崇烈祠라는 명호를 내렸다. 이곳이 뒤
에 용산서원이 되었다. 최제우의 6대조부터는 벼슬길에 오른 이렇다
할 인물이 없었고, 평범한 농민 신분으로 가계가 이어졌다.

최제우의 아버지 근암은 비록 벼슬을 하지 못한 처사였으나 지방
에서는 학식이 높은 선비로 알려져 있었다. 근암은 "인품이 온화하고
학식이 높고 고상한 군자라 일컬을 만한 사람"[3]이었다고 한다. 『근암
집』에 따르면 그는 부모의 뜻에 따라 향시에는 여덟 차례나 합격했으
나 복시에는 뜻을 이루지 못했다. 벼슬길이 싫어서 과거 공부를 멀리
한 것인지, 이미 과거제가 부패하여 입도선매로 합격자가 결정되었
기 때문인지는 알 길이 없다.

마침내 공은 과거라는 것이 탱자나무와 같아서 봉란 같은 어진 사람이 앉을 자리가 아님을 잘 알게 되었다. 이때에 공은 귀미산 아래의 와룡담 윗가에 집을 지었다. 그곳에서 날마다 책을 읽고 시가를 읊조렸다. 그러면서 허욕 없이 깨끗하게 지냈다. 이때부터 유가를 비롯하여 여러 학파와 각 분야의 여러 전문학자들의 학설에 더욱더 힘을 많이 기울였다.[4]

근암은 유학자이면서도 과거를 치러 입신출세를 꿈꾸는 사람이기보다는 학구적인 인물이었던 것 같다. 그의 묘갈명에는 다음과 같이 그의 인품을 기리고 있다.

이때부터 과거를 보지 않고 스스로 호를 근암近庵이라 했다. 와룡담 윗가에 방을 짓고 도연명의 귀거래사에 만족하는 시를 지어 심정을 그려냈다. 마침내 제자백가의 글에 크게 힘을 썼고 성리학에 관한 책들을 더욱 깊이 연구했다. 주자의 글에 대해서는 요지를 추려낸 것이 있고, 심경과 근사록에 대해서는 해석하여 밝힌 것講義이 있다.
이리하여 자기 자신을 바로잡고 집안을 다스리는 일을 했다. 너그러우면서도 절제가 있었으며 사물을 대함에는 평탄(모나지 않음)했다. 모가 나도 남에게 상처를 입히지 않는 것 같았으나 시비를 가리는 때에는 의지가 굳세어서 조금도 소신을 굽히는 일이 없었다.[5]

최제우의 아버지는 17살에 오천 정씨와 결혼을 했으나 둘 사이에 자식은 두지 못하고, 부인은 37살 이른 나이에 세상을 떴다. 이듬해 달성 서씨와 재혼했지만, 51살 되던 해에 달성 서씨도 세상을 뜨고 말았다. 둘 사이에도 역시 자식은 없었다. 그러자 근암은 동생 최규崔珪의 아들 제환濟寏을 양자로 들였다.

최제우가 출생하기까지 곡절이 있었다. 근암은 두 번째 부인과도 사별한 뒤 학문에만 열중했다. 그렇게 홀로 늙어가고 있을 때, 한 모라는 제자가 자기 고모 청주 한씨를 소개했다. 경주군 건천면 금천리에 살던 청주 한씨는 조혼을 했다가 남편과 사별하고, 20살에 청상이 되어 친정에 와서 10년간 홀로 지내고 있었다.

근암은 이 여성과 혼인하는 것을 단호히 거절했다. 이미 자신이 63살의 고령인 데다 정절을 지키는 여인을 훼절시키는 것이 선비로서 도리가 아니라고 믿었기 때문이다. 그러나 제자 한 모는 물론 양자까지 나서서 설득했다. 결국 근암과 청주 한씨는 혼인을 맺는다.

천도교의 기록에는 최제우가 태어나던 때의 모습을 이렇게 기록하고 있다.

문도 중 한 모가 근암공에게 고하기를 제자의 고모가 과거寡居하오니 선생은 재취하심이 어떠하오리까 한데 근암공이 거절했다. 일일은 근암공이 내실에 입하여 보니 일 부인이 내정에 입좌入座어늘 심히 파이頗異하여 기 유래를 문한대 대답하기를, 첩이 금년 30에 금척리 친가에서 과거하더니 홀연히 정신이 혼미하여 비몽사몽간에 태양이 회중에 입하며 또한 이기異氣가 산을 휴攜하여 부지중 차처에 지至했노라. 근암공이 차언을 문하니 부인은 즉 한 모의 고모라. 차는 천연天緣이라 하고 수遂히 동거하니 잉히 임신이 유하다.⁶

수운 최제우가 태어난 경주 가정리.

최제우는 이렇게 63살인 아버지와 30살인 어머니 청주 한씨 사이에서 1824년 10월 28일(음력) 새벽에 태어났다. 위인이나 성인의 출생과 관련하여 각종 설화나 비화가 따르듯이 최제우의 출생에도 비화가 뒤따랐는데, 마을 뒷산인 귀미산龜尾山이 3일간이나 기묘한 소리를 냈다고 한다. 최씨 문중의 중흥주로 꼽히는 최진립 장군이 태어날 때도 귀미산이 울었다는 설화가 전해져, 최씨 가문의 큰 경사로 여겼다고 한다.


## 2. 양친 잃고 밀양 박씨와 결혼하다

최제우가 태어나고 자란 시기는 나라의 격동기였다. 나라 안팎으로 변혁의 물결이 세차게 일었다. 일찍이 경험해보지 못한 일들이 꼬리에 꼬리를 물고 벌어졌다. 최제우가 태어난 지 3년 뒤인 1827년(순조 27년)에 전라도, 경상도, 충청도에서 천주교도 수백 명이 체포되었다.

이에 앞서 1801년 1월, 신유박해로 천주교인 300여 명이 처형을 당하고, '황사영 백서' 사건으로 처형되거나 유배되는 등 천주교 탄압이 절정에 이르렀다. 그 이후에도 전국 곳곳에서 천주교인들의 박해가 계속되었다. 이양선이 나타나고, 서울에서는 '쌀 폭동'(1833)이 일어나 많은 사람이 죽고 민심이 흉흉해졌다. 이탈리아의 사상가 안토니오 그람시의 말을 빌리면 "낡은 것들이 무너지고 있는데도 새로운 가치는 나타나지 않았다."

최제우는 어지러운 시대에 불우한 신분으로 태어났다. 어머니 한씨는 근암공의 첩이 아니라 정식으로 결혼한 부인이다. 엄격한 의미에서 재혼한 재가녀再嫁女에 속한다. 당시 조선 사회에서는 국가의 대법전인 『경국대전』에서 첩이 아닌 재가녀의 자식도 문과에 응시할 수 없도록 했다. 최제우는 유일한 신분상승의 사다리인 과거도 치를 수 없는 신분이었다.

아버지는 아들의 이름을 제선濟宣이라 짓고, 아명은 '복술'이라 불렀다. 이 지역에서는 무병장수를 기원하여 '복술'이라 이름 짓는 습속이 있었다고 한다. 부모는 제선(제우)을 낳고 몇 해 뒤에 딸을 낳았는데, 김진구金鎭九에게 출가했다는 것 말고는 기록이 없다.

제우는 어려서부터 용모가 특이했던 것 같다. 『천도교창건사』에 따르면, "안청眼睛에 광채가 있어 눈을 뜨면 형광熒光이 사람을 엄습하므로 어렸을 때 동무들이 부모의 외우는 말을 듣고 대신사大神師를 희

롱하되 네 눈은 역적의 눈이라"라고 놀렸다고 했다.[7]

전라북도 남원의 신도 양형숙은 자신이 38살 때에 어린 최제우를 만나봤는데, "눈동자는 노르스름하고 눈에서 금불이 나왔다"[8]라고 한다. 최제우의 수양딸인 주 씨朱氏는 또한 이렇게 말한다.

얼굴이야말로 과연 잘 생겼더니라. 콧마루가 끔찍이 부명浮明하고 높고 눈이 어글어글하고 키는 중키나 되었는데 어찌 그런지 누구나 오랫동안 쳐다보지 못했다. 쳐다보면 자꾸 무서워지니까.[9]

최제우는 어릴 적부터 아버지의 서가에 꽂혀 있는 각종 책을 두루 읽었다. 근암공은 장서를 많이 갖고 있었다. 한 연구가는 근암공과 수운의 모습을 다음과 같이 기록했다.

10살 안팎에 허다한 만권시서를 모두 통달하여 모르는 것이 없었다. 수운은 배송背誦을 시작하면 마치 책을 앞에 놓고 읽는 사람보다 더 잘 읽어서, 보는 사람마다 모두 혀를 내둘렀다.

근암공은 만득자 수운을 눈에 넣어도 아프지 않을 정도로 애지중지했다. 수운은 두 눈을 감은 듯 아래만 보며 단정히 앉은 모습은 그림같이 수려했다.[10]

그러던 어느 날 어린 최제우에게 견디기 힘든 비극이 닥쳤다. 6살 때 어머니가 병환으로 눕더니 몇 달 뒤에 눈을 감았다. 근암공은 세 번째 부인과도 너무 일찍 사별하고 만다. 최제우가 10살에 어머니가 돌아갔다는 기록도 있으나 여기서는 『천도교창건사』의 '여섯 살 때 모친사망'을 따르기로 한다.

어린 나이에 어머니를 잃은 최제우의 상처가 컸는데, 아버지의 애정과 교육열로 그 상처를 달랠 수 있었다. 아버지의 가훈 중에는 자녀 교육 조항이 있었다.

지금 사람들은 자식을 가르침에 입학 후에도 마소를 먹이게 하거나 논에 물 대기를 시키는 등 글공부에 힘쓰지 못하게 하니 이래서야 어찌 훌륭한 사람이 되기를 바라겠는가. 8살까지 공부시켜보면 재간이 있는지 없는지, 성공할지 못 할지를 알게 된다. 머리가 둔하여 잘 될 가망이 없으면 그때까지 농사일을 배우게 해도 늦지 않다.[11]

최제우는 교육열이 높고 학문이 깊었던 아버지 밑에서 열심히 공부했다. 머리가 영특해서 하루가 다르게 실력이 늘었으나 양반 자식들처럼 과거를 보기 위한 글공부와는 방향이 다른 공부였다. 공부와 함께 활쏘기, 말타기, 창던지기 등 무예도 익혔다. 글공부는 선대 최치원에서부터 아버지로 이어지는 인문학적 혈통을 이어받고, 무반기질은 6대조 할아버지 정무공의 유전자를 물려받은 것 같다.

당시에는 조혼이 결혼 풍습이었기에 최제우도 13살 때에 울산에 사는 밀양 박씨와 약혼했다. 아버지가 맺어준 혼약이었다. 할아버지도, 아버지도 17살에 결혼을 했으니, 손이 귀한 집안이라 최제우도 아버지와 할아버지가 혼인한 나이에 맞춰 17살이 되면 혼인하기로 결정했다.

그러나 최제우에게 또다시 큰 시련이 닥쳤다. 혼례를 올리기로 한 그해에 아버지가 돌아가셨던 것이다. 당시에 79살이면 장수한 편이었지만, 아직 한창 뒷바라지가 필요한 어린 남매를 남겨둔 채 홀연히 눈을 감았다. 최제우에게 근암공은 아버지이면서 학문과 세상에 눈을 뜨게 한 스승이었다. 워낙 청렴강직했던 선비라서 남긴 유산은 거의 없었다.

어머니에 이어 아버지마저 잃은 최제우는 긴 슬픔에 빠졌다.

세월의 흘러감을 막을 길이 없어 하루아침에 신선 되는 슬픔을 당하니 외로운 나의 한 목숨이 나이 겨우 열여섯에 무엇을 알았으리오. 어린아이나 다름이 없었더라. 아버지의 평생 사업은 불 속에서 자취마저 없어지고 자손의 불초한 여한은 세상에서 낙심하게 되었노라. 어찌 슬프지 아니하며 어찌 애석지 아니하랴.

　마음으로는 가정을 돌볼 생각이 있지마는 어찌 심고 거두는 일을 알며, 글공부를 독실히 하지 못하였으니 벼슬할 생각이 없어졌노라. 살림이 점점 어려워지니 나중에 어떻게 되는지 알 수 없고, 나이 차차 많아가니 신세가 장차 궁졸해질 것을 걱정하였노라.[12]

최제우는 삼년상을 치른 뒤 1842년, 19살에 밀양 박씨와 결혼한 뒤, 아버지가 양자로 입양했던 제환의 집에서 함께 신혼생활을 한다. 그런데 부인이 된 밀양 박씨가 어떤 인물인지 알 수 있는 기록이 없다. 부모가 누구인지, 몇 살 때 혼인한 것인지도 분명치 않다.

두 가족이 함께 살던 집이 화재로 없어지면서 최제우 부부는 1843

년에 아버지가 쓰던 낡은 용담<sup>龍潭</sup>의 집을 수리하여 이사했다. 양자인 형의 집에서 20살에 분가하여 가정을 꾸렸지만 앞으로 먹고살 길이 막막했다. 부모가 남긴 농토에서는 형 식구들의 양식을 거두기에도 모자랐다.

# 3. 세상을 찾아서 장삿길에 나서다

## 1. 주유팔로周遊八路, 생업과 구도의 길

최제우는 몰락한 양반 집안의 후예로서 한미한 가정에서 태어났지만, 아버지의 도타운 학문의 가르침을 받고 다양한 책들을 읽으면서 당대 청년 누구 못지않은 학식과 덕성을 갖추었다. 그러나 입신출세의 사다리는 애초에 막혀 있었다. 또한 무과에는 서출도 응시할 수 있다고 했으나 그 역시 입도선매의 길이기에 막힌 것과 매한가지였다.

최제우는 여러 날 고심한 끝에 장사를 하면서 넓은 세상을 돌아보기로 작정했다. 과거 길이 막히고, 생업의 터전인 농토가 없는 젊은 이로서는 택할 수 있는 길이 별로 없었다. 최제우는 한동안 즐기던 무예 수련도 중지하고 장삿길에 나섰다. 생업을 위해 시작한 길이었지만 이 길은 결국 구도와 수행의 과정이 되었다.

조선 후기 전국의 장시와 포구, 산간마을을 돌며 생필품을 파는 전업적 순회 소상인들이 있었는데, 이들을 보부상褓負商이라 불렀다. 일명 '봇짐장사', '등짐장사', '장돌뱅이', '장돌림', '선질꾼', '도부꾼' 등으로 그들을 낮잡아 부르기도 했다. 이들은 비교적 부피가 작고 가벼운 직물이나 잡화류 등을 지게에 지고 돌아다니며 팔았다.

보부상의 숫자가 많아지면서 철종 때에는 지방관들을 통해 조직이 만들어지고 차츰 정치적 세력으로 그 세가 확장되었다. 시국의 변천에 따라 이들은 개화당의 조직원이나 어용단체인 황국협회의 말단 행동대원이 되기도 하고, 동학혁명기에 관군과 함께 농민군 토벌에 앞장서기도 했다. 독립협회 회원들을 구타하고 활동을 방해하기도 했다. 그러나 최제우는 이런 부류와는 정반대로 세상을 알고 가정의 살림을 꾸리고자 나선 생계형 보부상이었다.

1844년, 21살 청년 최제우는 부모의 묘소를 참배한 뒤 갓 결혼한 아내를 남겨둔 채 장삿길에 나섰다. 이 생활은 이후 10년이나 이어졌다. 뒷날 관에서 '혹세무민'이라는 죄목으로 그를 잡아들였을 때 선전관 정운구의 장계에는 그가 백목白木(무명) 장사를 한 것으로 기록되어 있다.

장사를 하러 한 번 떠나면 일주일이나 열흘이 걸렸다. 장삿길을 두세 번 다녀오면 한 달이 훌쩍 지나갔다. 처음에는 고향에서 가까운 곳으로 주로 다니다가 차츰 전라도와 충청도 지방까지, 가는 곳을 넓혔다. 나중에는 조선 팔도 방방곡곡 다니지 않는 곳이 없을 정도였다. 틈틈이 명산대찰을 찾아 고승들과 문답을 나누기도 했다. 때로는 천주학과 서양 문물에 관심을 보이기도 했다.

보부상은 최제우가 생업을 위해 어쩔 수 없이 선택한 길이었다. 그러나 시국과 세상을 알게 되는 좋은 기회이기도 했다. 1844년부터

1854년까지 10년간 그가 지켜본 나라의 꼴은 말이 아니었다. 백성들이 겪는 참상은 말과 글로 다 하기 어려울 정도였다. 최제우는 전국을 다니면서 보고 느꼈던 소회를 「포덕문」에 다음과 같이 기록했다.

> 우리나라는 악질이 세상에 가득 차서 백성들이 언제나 편안할 때가 없으니 이 또한 상해傷害의 운수요, 서양은 싸우면 이기고 치면 빼앗아 이루지 못하는 일이 없으니 천하가 다 멸망하면 또한 순망지탄이 없지 않을 것이라. 보국안민의 계책이 장차 어디서 나올 것인가.[1]

최제우가 장삿길에 나서 팔도를 돌아다니던 때에 조선에서는 많은 일이 벌어졌다. 주요한 사건만 살펴보자.

1845년 6월, 영국 군함 사마랑호가 제주도와 전라도 해안을 측량하고 돌아갔다. 1846년, 프랑스 해군 소장 세실이 군함 세 척을 이끌고 와서 조선 정부의 천주교 탄압에 항의하는 국서를 전달했다. 1848년에는 이양선이 경상·전라·황해·강원·함경도 등지에 출몰하고, 1850년 2월에는 다시 강원도 울진 해안에 나타나 군인과 민간인을 살상하고 도주했다.

거듭되는 이양선의 출몰은 조선 사회의 민심을 크게 어지럽히고 불안하게 만들었다. 당시의 이양선 출몰은 21세기를 사는 우리 앞에 '우주인'이 나타난 것과 비견될 만큼 어마어마한 사건이었다. 1851년 2월에는 황해도에서 민란이 발생했다.

이 시기 중국에서는 아편전쟁(1840~1842)이 일어나고, 태평천국운동(1851~1864)이 전개되었다. 중국에서 잇달아 벌어진 이런 사태들은 조선 사회에 곧바로 영향을 미쳤고, 정세불안과 민심동요의 요인으로 작용했다.

1854년 4월에 러시아 군함이 함경도 덕원과 영흥 해안에서 백성들을 살상한 데 이어, 1855년에는 영국 군함이 독도를 측량하고 부산에 도착했으며, 같은 때에 프랑스 군함이 동해안을 측량하고 돌아갔다.

이런 때에 조선 국정은 외척에 의한 세도정치로 부정부패가 만연했고, 나라는 국태민안國泰民安이 아니라 국위민불國危民不의 처지였다. 최제우가 전국을 돌아다녔지만 어느 곳이나 막론하고 지방 관리들의 횡포는 극심했다. 아전들은 공사를 구분하지 않고 백성들의 재물을 강제로 빼앗기 일쑤였고, 이를 거부하는 사람들은 하나같이 관청으로 끌려가 매질을 당했다. 아전과 수령들은 이렇게 백성을 등치고, 감사나 재상들은 이들로부터 상납받은 재물로 곳간을 채웠다. 조선조가 해체기에 접어들고, 향촌 사회는 굶주림과 각종 질병으로 파탄 지경에 이르렀다.

최제우는 10년 동안 조선 팔도를 두루 돌아다니면서주유팔로(周遊八路) 지켜본 조선의 생활상을 뒷날 『용담유사』에 이렇게 이야기했다.

효박한 이 세상에 (어지럽고 각박한 이 세상에)
불사不似한 저 사람은 어찌 저리 불사한고 (보잘것없는 저 사람은 어찌 저리 같잖은가)[2]

효박한 이 세상에 불고천명不顧天命하단 말가 (어지럽고 각박한 이 세상에 어찌 천명을 살펴보지 않는단 말인가)[3]

효박한 이 세상에 (어지럽고 각박한 이 세상에)

혼자 앉아 탄식하고 그럭저럭 하다가서 (혼자 앉아 탄식하고, 그럭저럭 지내다가)

탕패산업蕩敗産業되었으니 원망도 쓸데없고(살림마저 없앴으니 원망도 쓸데없고)

한탄도 쓸데없네 (한탄도 쓸데없네)⁴

## 2. 스님의 '이서異書' 받고 천성산 내원암으로

최제우는 10년 동안 전국 방방곡곡을 돌아다니고 두 눈으로 직접 확인하면서 조선 사회가 이대로는 더 이상 희망이 없다는 것을 깨달았다. 뒷날『동경대전東經大全』과『용담유사龍潭遺詞』에 '상해지수傷害之數', '효박淆薄한 세상인심', '말세末世', '하원갑下元甲의 괴질' 등으로 표현할 만큼 당시의 사회를 위기 상황으로 보았다.

최제우는 장사를 그만두고 32살 되던 1854년 10월경에 부인의 고향인 울산으로 이사를 했다. 유곡동의 속칭 '여시바윗골'에 초가삼간을 짓고 생활의 터를 잡았다. 야산에 둘러싸인 아늑한 산골이어서 사색하고 공부하기에 적합한 곳이었다. 근처의 논과 밭 몇 마지기를 사서 직접 농사를 짓기로 했다.

1928년에 이 집터를 처음으로 찾아갔던 천도교인 이돈화는 다음과 같이 기록했다.

집 자리에서 내다보면 앞에 주먹 같은 소산小山이 있다. (중략) (수운이) 살던 집은 재작년(1926)까지 남아 있었으나 어떤 부호가 묘를 쓰면 부귀공명이 자손만대에 가리라 하며 그 집을 사서 헐었으나 집 자리에는 감히 묘를 못

여시바윗골에 복원해놓은 최제우의 초가집.

쓰고 옆에다 묘를 썼다. 비석에는 처사문모지묘處士文某之墓라 했다. (중략) 집터는 가고可考할 길이 없었다.[5]

최제우는 이곳에서 부인과 함께 농사를 지으며 사색과 공부에 열중했다. 이듬해 3월 어느 날, 이상한 차림을 한 사람이 갑자기 찾아왔다. 이 방문객은 책 한 권을 내보이며 최제우에게 건넸다. 천도교 초기의 기록에 이와 관련한 이야기가 전해진다.

때는 을묘년(1855)의 봄 3월, 선생은 봄철의 노곤함으로 낮잠을 주무시던 차 꿈결에 어떤 선사禪師가 밖에 이르러 주인을 찾았다. 선생이 문을 열으니 어디서 온 노선사인지 용모가 청아하고 차림새와 풍채가 정중했다. 선생이 나아가 맞으며 스님은 어찌하여 나를 찾아왔소 하고 물었다. 중이 말하기를 주인께서 경주의 최생원이십니까 했다. 선생은 그러하다고 대답했다. (중략)

소승은 금강산 유점사에 있습니다. (중략) 영험이 없기 때문에 백일기도를 드리면 신효神效가 있을까 하여 지성으로 감축했습니다. 기도가 끝나는 날, 탑 아래에서 잠깐 잠들었다가 깨어보니 탑 위에 책 한 권이 있어서 거두어 읽어보니 세상에서 보지 못한 희귀한 책이었습니다. 소승은 즉시 산을 나와 사방을 두루 돌아다녔습니다.

박식한 사람은 있었으나 어디에서도 아는 사람을 만나지 못했다고 했다. 그러던 중 생원께서 박식하다는 소문을 듣고 책을 품고 왔는데 생원께서 혹시 아실지 모르겠다고 했다.

선생은 책상에 놓으라 하자 노승은 예를 차려 바쳤다. 펼쳐 읽어보시니 유도儒道 불도佛道의 책이었지만 문리에 들어맞지 않아 풀기 어려웠다. 중이 말하기를 그러면 3일 동안 머물다가 다시 올 것이니 그동안 자세히 살펴 알아보는 것이 어떻겠습니까 하고 물러갔다.

그날이 돌아오자 중이 다시 와서 묻기를 혹시 깨달은 바 있습니까 하므로 내가 이미 알아냈다고 했다. 중이 백배사례하며 기뻐서 어쩔 줄 몰랐다. 말하기를, 이 책은 진정 하늘이 생원께 내려주신 책입니다. 소승은 단지 이 책을 전할 뿐입니다.

바라건대 이 책의 뜻을 세상에 행하옵소서 하고, 계단을 내려가 몇 발자국 안 되어 홀연히 보이지 않았다. (중략) 선생께서는 (중략) 그 뒤에 깊이 이치를 살펴보니 책 속에는 기도에 관한 가르침이 들어 있었다.[6]

책의 내용은 구체적으로 알려진 바 없다. 그러나 기도에 관한 가르침이 있어서 최제우는 그때까지 해오던 기도 방식을 바꾸었다. 최제우의 사색과 공부는 날로 깊고 넓어졌다. 신심이 깊어갈수록 마음은 안정되고 청정해졌다.

　1856년 봄 어느 날, 스님 한 분이 찾아와 양산 천성산 내원암을 소개했다. 기도할 만한 곳이라 했다. 뒷날 이곳을 찾은 이는 내원암을 이렇게 소개했다. "언양을 거쳐 통도사 앞 신평리—용연(울산시 하북면 용연리) 마을을 거쳐 골짜기로 접어 삼신각에 이르렀다. 우측 계곡을 따라 돌아서니 수림이 우거지고 맑은 물이 흐르는 내원암 골짜기가 나온다. 여기서 약 3㎞가량 들어가면 내원암이다. 여기서 49일간을 작정하고 기도를 드렸다."[7]

# 4. 수행과 득도

# 1. 입산수도도 철점鐵店 경영도 모두 실패하다

최제우는 1856년 4월 8일에 천성산에 있는 통도사 내원암으로 들어 갔다. 49일간 입산기도를 할 작정이었다. 이때 최제우는 삼층 제단을 쌓아 폐백을 드리고 향을 피우며 광제창생의 뜻을 발원하는 기도를 드렸다고 한다.[1]

그러나 내원암의 '49일 기도'는 마지막 이틀을 남기고 중단되었다. 기도를 드린 지 47일째 되던 날 숙부가 운명한 것이 환상처럼 보여, 산을 내려가 경주로 가보았더니 실제로 숙부가 돌아가셨다고 했다. 최제우는 1년간 상복을 입고, 이듬해 7월에 다시 입산했다. 이번에는 내원암이 아니라 자연동굴인 적멸굴寂滅窟이었다.

이 동굴은 암벽이 부식되어 자연스럽게 생겼다. 입구의 높이는 약 4m 정 도이고 안쪽 높이는 약 1m이다. 길이는 6m 정도이고 굴 안쪽에는 2~3명이 먹을 수 있는 식수가 나온다. 입구 왼쪽에는 아직도 잠자리로 이용했던 온돌이 남아 있다.

굴 아래 언덕 밑에 내려가보면 옛날에 쓰던 그릇 조각들이 흩어져 있다. 신라 때에 지은 암자 자리라고 하는데 남쪽을 향해 있다. 맞은편에는 원효봉(988m)이 솟아 있고 뒤로는 천성산이 솟아 있어 그 줄기가 서남으로 뻗어 내려 이곳 능선을 이루고 있다.[2]

최제우는 적멸굴에서 이번에는 49일 동안 기도를 드렸다. 어떤 방식으로 기도를 했는지는 알려진 바가 없다. 다만 수운이 이곳에서 기도를 하다가 도통하여 독수리가 되어 동쪽으로 날아갔다는 설화가 이 지역에 전해지고 있어서, 수운이 기도하던 동굴이었음을 전할 뿐이다.

두 번째 기도에도 득도의 문은 쉽게 열리지 않았다. 새벽부터 자정까지 정좌하고 무념무념의 수련을 했는데, 이는 극심한 인고와 자기 학대의 과정이었다. '득도得道'가 그리 쉬운 길일 리 없다. 정성이 모자라거나 하늘로부터 점지가 아직 없었기 때문이 아닐까.

그러는 동안 집안 형편은 많이 어려워졌다. 고향의 아내와 늦게 본 자식들은 집도 없이 구걸로 생활할 정도였다. 최제우는 당시의 모습을 이렇게 남겼다.

팔자를 헤아려보니 춥고 굶주릴 염려가 있고, 나이 사십이 된 것을 생각하니 어찌 아무런 일도 해놓은 것이 없음을 탄식하지 않으랴. 몸담을 곳을 정하지 못하였으니 누가 천지가 넓고 크다고 하겠으며, 하는 일마다

서로 어긋나니 스스로 한 몸 간직하기가 어려움을 가엾게 여겼노라.[3]

최제우는 득도하는 데 '실패'하고 생업의 길로 다시 돌아왔다. 그러자 많은 사람이 비웃고 손가락질했다. 생업을 저버리고 가족을 등한시하면서 떠돌거나 동굴로 들어가더니 정신이 빠졌다고 따돌림을 한 것이다.

최제우는 사람들의 이목을 피해서 천성산 입구에 철점鐵店을 차렸다. 비용은 아버지가 유산으로 남긴 농지 6두락(마지기)을 저당 잡혀 마련했다.

친구들의 권유에 따라 철점鐵店을 경영하기로 했다. 즉 6두락의 논을 저당 잡혀 소자본을 마련해서 철점을 경영하기로 했다. 철점은 금점金店·은점銀店·동점銅店과 같이 철제품을 생산하는 업을 말한다. 대장간 정도로 오해하는 이가 있으나 철점이란 철광업을 총칭하는 말이다.

철점에는 채광업과 용광업과 용선업鎔銑業이 있다. 채광업은 토철과 사철砂鐵을 채취하여 판매하는 업이고, 용광업은 토철과 사철을 사다가 용광로에 녹여 편철片鐵을 만들어 파는 업이다. 그리고 용선업은 편철을 사다가 솥이나 보습과 같은 쟁기나 기구를 주조하여 파는 업이다. 수운은 그중 용광업 분야의 철점을 경영했다.[4]

친구들의 권유에 따른 것이지만, 최제우가 철점을 경영한 것은 대단히 이례적인 일이었다. 최제우는 철점을 전혀 몰랐기 때문이다. 당연히 경영이 쉬울 리 없었다. 최제우의 무모한 도전은 철점이 2년 만에 문을 닫으면서 끝이 났다. 남은 것은 빚뿐이었다. 그날 이후 빚쟁이들이 시도 때도 없이 몰려들어 괴롭혔다.

논 6두락을 7인에게 척매하여 밖으로는 철점을 경영하고 (중략) 무오년에 이르러 가산은 탕진되고 빚은 산처럼 쌓였다. 여러 사람에게 논을 척매斥賣한 사실이 드러나 논을 산 사람 7인으로부터 날마다 독촉받으니 궁색함을 견딜 수 없었다. (중략) 7인을 불러 소장訴狀을 써주고 같은 날 같이 소송하라 말하며 좋게 돌려보냈다.

정한 날짜가 되어 7인이 같이 고소하자 관은 출두하라 불렀다. 진술하기를 잘잘못은 나에게 달렸지만 처결은 관에서 하는 것이니 영감의 처분에 달렸다고 했다. 판결은 먼저 구매한 사람이 차지하도록 했다.[5]

이렇듯 논 6두락을 7명에게 매매계약서를 써주고 헐값으로 돈을 빌려 시작한 사업이 실패하면서 빚쟁이들이 몰려와 항의하고 돈을 돌려달라고 했다. 이때 최제우는 뜻하지 않은 봉변을 당한다.

마을에 한 할머니가 있었다. 돌연 방으로 들어와 마구 작폐를 부렸다. 선생은 분을 참지 못해 손을 휘둘러 내던졌다. 그만 할머니가 갑자기 기절해 쓰러졌다. 그 아들 셋과 사위 두 사람은 욕설을 하며 부여잡고 말하기를, 우리 어머니가 죽었다, 살인자의 (처리방법은) 법에 있으나 복수하는 것은 아들에게 있다. 만일 죽은 어머니가 다시 살아나지 않는다면 당장 관에 고발할 것이라고 했다.

선생께서 사세事勢를 생각해보니 거론하면 큰일이므로 친히 그 집에

가자 문득 살려낼 도리가 떠올랐다. 큰소리로 말하기를 너희 어머니를 살려내면 너희들은 다시 어떤 말을 하겠는가 했다. 그 아들은 죽음에서 다시 살려내면 다시는 아무 말을 하지 않겠다며 지극히 공손하게 간청했다.

선생은 좌우를 물리치고 친히 시신이 있는 방에 들어가 맥을 짚어보고 시신을 만져보니 이미 죽은 지 오래였다. 한 자짜리 닭 꼬리를 목구멍에 넣었다. 잠시 사이에 목에서 문득 숨소리가 나더니 한 덩어리의 피를 토해냈다.

어깨가 움직이고 몸이 돌아갈 때 선생은 아들을 불러 물을 입에 부어넣게 하니 조금 지나자 완전히 살아나 몸을 제치고 일어나 앉았다.[6]

최제우가 "죽은 할머니를 살려냈다"라는 이 기록은 조금 과장된 것 같다. 젊은 시절 무예를 공부할 때 익혔던 활법活法으로 응급처치를 하여 할머니의 숨통을 트였던 것으로 해석된다.

## 2. 용담에 거처하면서 기도생활

할머니를 살려 위기를 가까스로 넘긴 최제우는 농지를 팔고 집을 정리하여 빚을 모두 해결했다. 그러자 가족이 갈 곳이 없어졌다. 어느덧 그의 나이 36살, 가족을 거느리고 조상 대대로 내려오는 유서 깊은 고향인 경주 가정리로 돌아왔다. 20여 년 동안 행상과 구도와 유랑생활을 하며 정신은 깊고 넓어졌으나 행색은 옹색하기 그지없었다. '패자의 귀환'이라 할 만했다.

최제우 일가는 아버지가 아끼던 용담의 옛집을 수리해서 거처로 삼았다. 용담은 최제우나 동학에서는 **빼놓을** 수 없는 곳으로, 천도교의 성지聖地에 속한다.

본래 이 정자 터에는 복령이라는 중이 세운 원적암이라는 작은 사찰이 있었는데, 창건한 지 얼마 되지 않아 문을 닫게 되어 이내 낡고 허물어진 것을 수운 선생의 할아버지가 이 원적암과 아울러 인근의 산과 밭을 사들여 젊은 사람들이 공부하도록 학사學舍를 만들어주었다. 이에 근암공의 스승 되는 기와공畸窩公 이상원李象遠이 '와룡암臥龍庵'이라는 이름을 붙여주었고, 그 이후 근암공 최옥이 다시 수리하여 '용담서사龍潭書社'라 이름하고 거처하면서 제자들을 가르치기도 했다.

이 용담정이 있는 계곡을 마룡골이라고 부르는데, 용담정 뒤편으로 펼쳐진 바위 계곡의 양 옆에 용마龍馬의 발자국이 찍혀 있다고 하여 붙여진 이름이다. 지금도 그 계곡 바위에는 말 발자국 같은 모양의 흠이 마치 지금 막 용마가 계곡을 박차고 하늘로 승천하면서 남긴 것처럼 선명히 남아 있음을 볼 수 있다.

또한 이곳은 이러한 용마 발자국과 함께, 용마 전설이 오래전부터 내려오고 있다. 이와 같은 여러 가지 이유들로 인하여 이 정자의 이름을 '용담'이라고 한 것이다.[7]

최제우는 용담정에 생활의 터전을 정하고 다시 깊은 정신수련을 시작했다. 기도와 수련은 최제우에게 생활의 전부였다. 이때의 심경을 그는 이렇게 읊었다.

최제우 순도 이후에 폐허가 되었다가 재건된 용담정의 모습.

구미 용담 찾아오니 흐르나니 물소리요

높으나니 산이로세 좌우 산천 둘러보니

산수는 의구依舊하고 초목은 함정含情하니

불효한 이내 마음 그 아니 슬플소냐[8]


　최제우는 이곳에서 더욱 마음을 가다듬고 정진하여 기도와 수련으로 시간을 보냈다. 그는 당시 세상에서 떠돌던 이적이나 풍수도참설을 통한 구도 행각이 아니라 어디까지나 나라를 살리고 백성들을 구제하려는 '광제창생'의 길을 찾고자 했다.

　이때 최제우는 이제까지 집안의 항렬에 따라 지었던 이름 '제선濟宣'에서 '제' 자는 그대로 두고 '선' 자 대신 '우愚' 자로 개명했다. '구할

제濟'에다 '어리석을 우愚', 곧 어리석은 세상을 구하겠다는 의지의 표시였다. 제우는 또한 "세상을 어리석음으로부터 구하겠다는 의지를 담은 이름"(『천도교회사』)이라고도 볼 수 있다. 이렇게 이름을 바꾼 것은 바로 "수운 선생 스스로 사회에 대한 강한 책임의식과 윤리의식을 다짐한 것"[9]이라고도 볼 수 있다.

최제우는 용담을 무척 사랑했다. 선대의 흔적이 배어 있는 곳이기도 했지만 향토와 조국, 자연이 어우러진 영지靈地라고 믿었기 때문이다. 「용담가」에 이런 구절이 있다.

국호는 조선이오 읍호는 경주로다
성호는 월성이오 수명은 문수로다 (중략)
수세도 좋거니와 산기도 좋을시고 (중략)
어화 세상 사람들아 이런 승지 구경하소.

동양에는 천인감응설天人感應說이라는 말이 전해온다. 인간이 지극정성을 다하면 하늘이 감동한다는 뜻이다. 지성이면 감천이라는 말과도 통한다. 최제우는 학문과 기도와 수도에 오로지 집중하느라 먹는 것과 자는 것조차 잊어버릴 정도였다. 양녀 주 씨는 1927년(81살)에 아버지의 구도생활의 모습을 다음과 같이 증언했다.

언제 보아도 책을 펴고 있었다. 자다가 일어나 이제는 주무시는가 하면 오히려 책을 보고 계셨고 아침에 일어나 아직 주무시겠지 하고 그 앞을 지나면 벌써 책을 보고 계셨다. (중략) 밤에는 나가서 한울님께 절을 하시되

수없이 많이 하시더라. 새로 지으신 보선이 하루 밤을 지나고 나면 보선 앞 코가 다 이지러지고 상하도록 되었다.[10]

## 3. '신 체험'을 통해 동학을 득도하다

1860년 4월 5일(양력 5월 25일), 최제우는 자신의 생애에서 일대 변곡점을 만난다. 그가 36살 되는 해(경신년)였다. 그해는 3월에 윤달이 들어서 4월 초는 여느 해보다 봄이 빨라 화창하고 꽃이 만발한 계절이었다.

수련 중이던 최제우는 때마침 조카의 생일잔치에 초대받아 지동芝洞 마을로 내려갔다가 신비한 체험을 하게 된다. 종교 용어로 '득도' 또는 '종교 체험'을 하게 된 것이다. 최제우가 용담에 들어온 지 7개월 되던 때였다. "인걸人傑은 지령地靈"이라는 말이 있다. 꼭 풍수지리설을 따르지 않더라도 큰 인물이 태어나는 땅이 따로 있다는 뜻이다. 용담은 최제우의 조상 때부터 성지로 여기던 곳이다.

신 체험 과정을 최제우는 스스로 이렇게 들려준다.

목욕재계하고 단정히 앉아 묵념할 즈음, 지동에 있는 조카 맹윤이 인마人馬를 보내어 초청하므로 이를 거절하기가 어려워 응락하고 지동에 이르렀다. 이곳에 간지 얼마 안 되어 몸이 떨리면서 심신에 이상을 느끼게 되므로 곧 용담으로 돌아왔다.

집에 돌아오는 즉시로 다시 목욕재계하고 묵념했더니 이때에 오히려 전보다 몸과 마음이 더욱 떨리어 무슨 병인지 집중할 수가 없고 말로도 표현키 어려울 즈음 공중에서 외치는 소리 있어 천지를 진동하듯 했다. 이에 놀라서 일어나 물은즉 공중에서 대답하기를 "두려워 말고 저어하지 말라. 세상 사람들이 나를 상제上帝라고 이르는데 너는 상제를 알지 못하느냐?" (중략) "내 또한 공이 없으므로 너를 세상에 나게 하여 사람들에게 이 법을 가르치게 하는 것이니 의심 말고 다시 의심 말라" (중략) "내 영부靈符가 있으니 그 이름은 선약仙藥이요, 그 형상은 태극太極과 같고 또 궁궁弓弓의 형상을 한 것이다. 나의 이 영부를 받아 사람들의 질병을 건지고 나의 주문呪文을 받아서 사람을 가르치고 따라서 나를 위하게 하면 네 또한 장생하며 그 덕을 천하에 펴리라"고 했다.

동시에 휘황찬란한 빛은 어떤 힘을 지는 듯 약동하면서 움직이는 형태가 우주의 영묘靈妙 불가사의한 원력原力을 보여주는 것 같았다. 무한한 허공에 뛰고 번쩍이는 빛이 가득 차며 쉴 새 없이 움직이는 것이 우주의 한 끝과 한 끝이 서로 맞닿은 듯한 느낌이었다. 이것이 영부靈符임을 깨닫고 눈을 뜨니 아무것도 보이지 않고 들리지 않았다.

얼마 후 다시 공중에서 소리가 들려왔다. "네 백지를 펴서 나의 부도符圖를 받으라"는 두 번째 지시였다. 백지를 펴본즉 종이 위에 전과 같은 그림이 비치며 움직이고 있었다. (중략) 아들과 부인을 불러 백지 위를 보라고 하니 아무것도 없다고 하면서 수운이 미쳐버렸다고 걱정을 했다. 이때 공중에서 다시 소리가 있기를 "그 영부를 종이에 그려 불살라 냉수에 타 먹으라"고 했다. 그대로 했더니 병이 나았다.[11]

현대과학으로 무장한 사람들에게 이와 같은 득도 과정이나 종교 체험은 쉽게 수용되기 어려운, 초현실적인 이야기이다. 신들림이나 강신降神, 신 체험 등의 과정은 예수와 마호메트도 별로 다르지 않았다. 예수와 마호메트는 신 체험과 계시 체험을 통해서 기독교와 이슬람을 각각 창도했다. '신神 체험'이란 "신과 대화를 한다"라는 뜻이다.

세계적인 종교의 창도 과정은 초월자, 즉 신의 영역으로 종교화 또는 신비화하면서, 우리 종교의 창도 과정은 미신이나 신화로 치부하는 경향이 많다. 그래서 단군은 신화나 전설에 속하고 이후 민족종교의 창도자들에게도 유사한 경우로 이어진다.

최제우가 용담에서 경험한 신 체험은 세 번째에 속한다. 첫 번째는 어느 승려로부터 '이서'를 받은 것이고, 두 번째는 49일 기도에 들어갔을 때 25리 밖에 있는 숙부의 임종 사실을 인지한 일이다. 세 번째의 종교 체험에서는 '영부'를 받았다. 영부는 질병을 고치고 사람을 깨우치고 장생하는 마술적인 힘이 있었다. 예수나 마호메트도 주문과 기도로써 신도들의 병을 고치고 죽은 사람을 살리기도 했다. 정신신경과 의사는 종교 체험과 관련해서 다음과 같이 분석한다.

종교 체험은 객관적인 사실이 아니다. 어디까지나 심리적인 사실이다. 그것은 환각일 수도 있고 비현실적인 감정의 변화일 수도 있다. 그러나 이 비현실적 환각이나 감정을 통해서 한 개인의 갈등이 상징적으로 해소되고 또 상징적 암시를 통해 인류에 공헌할 수 있는 새 존재가 된다는 사실에 종교 체험의 진의가 있는 것이다.[12]

모세는 40살에 모래바람이 일어나는 황야에서 하느님을 발견하고, 천둥소리 속에서 그의 목소리를 들었다 하고, 조로아스터(자라투스

트라)는 30살 되던 해 사발란 산 동굴에서 명상 중에 하느님을 보았다고 한다. 석가모니 불타는 35살에 보리수나무 밑에서 진리를 발견하고, 예수는 30살 무렵 황야와 사막을 헤매면서 하느님의 계시를 받아 '산상설교'를 통해 진리를 설파했다. 마호메트는 15년 동안 사막을 떠돌며 장사를 하고, 잠시 쉬기 위해 산꼭대기에 올라갔다가 수평선 너머로 불타는 글씨가 새겨진 커다란 양피지가 펼쳐지는 것을 보았다. 그리고 하늘에서 "마호메트, 너는 하느님의 사자다"라는 소리를 듣고 깨달음을 얻었다고 한다. 조지 폭스는 구두 수선공으로 일하다가 진리를 찾고자 습기 찬 들판과 짚더미 밑에서 몇 년을 지내며 고독한 명상을 한 끝에 하느님의 부름을 받아 퀘이커교를 창설했다.

최제우는 37살인 1860년 4월 5일 오전 11시 용담에서 '한울님의 계시로' 후천개벽의 새 원리인 동학을 각도覺道하고 새로운 세상을 열고자 한다. 이후 최제우는 도탄에 빠진 백성을 구하고, 위기로 치닫는 나라를 살릴 수 있는 방략을 찾고자 지극정성으로 기도를 드렸다.

기성의 고전종교가 혼란에 빠진 세상을 건질 만한 힘이 없고 이미 그 기능과 가치가 상실됨에 따라 새로운 종교사상에 의한 새로운 구원의 길을 요구하게 된 것이다. 이러한 상황에서 당시 서구 문명의 충격을 민족 주체적인 슬기와 역사 감각으로 극복하고 민족적 전통사상의 바탕 위에 모든 종교사상을 수용하는 한국의 정신적 토양 속에서 새로운 종교가 탄생되었으니 이것이 곧 동학이요 오늘의 천도교이다.

천도교는 수운 대신사, 최제우에 의하여 신의 가르침을 받아 창도되었다. 즉 천도교는 한국 민족이 수천 년에 걸쳐 외래문화에 동화되지 않고 오히려 이를 수용하고 극복한 민족문화의 주체적인 표출로서 민족사상인 한사상의 현대적 결실로 나온 것이라 할 수 있다. 옛날의 풍류도가 그랬던 것처럼 천도교가 모든 종교사상을 포용하는 것은 민족전통성의 계승으로 우연의 일이 아닐 것이다.[13]

## 4. 시천주 조화정 영세불망 만사지

종교 체험을 통해 대각에 이른 최제우는 무극대각(크게 깨우침)을 얻게 된 것을 다음과 같이 기록한다.

천은天恩이 망극하여 경신庚申 사월 초오일에

글로 어찌 기록하며 말로 어찌 성언할까

만고 없는 무극대도無極大道 여몽여각如夢如覺 득도로다

기장하다 기장하다 이내 운수 기장하다

한울님 하신 말씀 개벽 후 오만 년에

네가 또한 첨이로다 나도 또한 개벽 이후

노이무공勞而無功 하다가서 너를 만나 성공하니

나도 성공 너도 득의得意 너희 집안 운수로다

이 말씀 들은 후에 심독희자부心獨喜自負로다

어화 세상 사람들아 무극지운無極之運 닥친 줄을

너희 어찌 알까 보냐 기장하다 기장하다

이내 운수 기장하다 구미 산수 좋은 승지

무극대도 닦아내니 오만년지운수五萬年之運數로다[14]

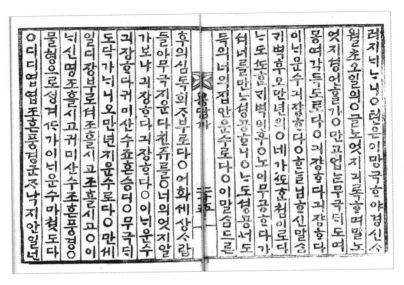

「용담가」의 일부.

최제우는 종교 체험으로 성령을 깨닫게 되면서 처음에는 몹시 당황하고 황홀하여, 마음이 쉽게 안정되지 못했다. 그러나 수련을 거듭하면서 마음이 점차 진정되었다.

한울님 하신 말씀
지각없는 인생들아
삼신산三神山 불사약不死藥을
사람마다 볼까 보냐
미련한 이 인생아
네가 다시 그려내서
그릇 안에 살라두고

냉수일배冷水一盃 떠다가서

일장탄복一張吞服 하여스라.

이 말씀 들은 후에

바삐 한 장 그려내어

물에 타서 먹어보니

무성무취無聲無臭 다시없고

무자미지특심無滋味之特甚이라

그럭저럭 먹은 부가

수백장이 되었더라

칠팔삭 지내나니

가는 몸이 굵어지고

검던 낯이 희어지네

어화 세상 사람들아

선풍도골仙風道骨 내 아닌가[15]


최제우는 일심정념으로 기도와 수행을 멈추지 않았다. 그러자 주
변에 여러 가지 소문이 나돌기 시작했다. 그중 하나가 최제우가 천명
을 받았다는 소문이었다. 이런 소문을 듣고 사람들은 최제우에게 가
르침을 받고자 몰려들었다. 그러나 최제우는 사람들 앞에 모습을 드
러내지 않았다. 소문이 꼬리를 물고, 사람들이 몰려들수록 한울님의
뜻을 스스로 체득하기 위해서 최제우는 근신에 근신을 거듭했다.


만고 없는 무극대도 여몽여각如夢如覺 받아내어

구미용담龜尾龍潭 좋은 풍경 안빈낙도安貧樂道 하다가서

불과 일 년 지낸 후에 원처근처遠處近處 어진 선비

풍운風雲같이 모아드니 낙중우락樂中又樂 아닐런가[16]


최제우의 두문불출이 길어지자 용담정 주변으로 사람들이 수없이 모여들었다. 최제우는 이런 현상과 사람들의 관심에도 아랑곳없이 1년여 동안 외출을 삼가고 오직 지극한 마음으로 수행하면서 하늘의 뜻을 거듭거듭 마음 깊이 새겼다. 마침내 최제우는 종교 체험과 1년여의 수도 정진 끝에 무극대도의 길, 곧 새로운 종교를 창도했다.


"내가 또한 동에서 나서 동에서 받았으니 도는 비록 천도나 학인즉 동학이라. (중략) 내 또한 거의 한 해를 닦고 헤아려본즉, 또한 자연한 이치가 없지 아니하므로 한편으로 주문을 짓고 한편으로 강령의 법을 짓고 한편은 잊지 않는 글을 지으니, 절차와 도법이 오직 이십일 자로 될 따름이니라."[17]


## 5. 한글로『용담유사』짓다

최제우는 1861년에 접어들어 포덕布德을 결심하고 신도들의 도를 닦는 절차를 만들었다. 마음의 안정을 찾고 한울님의 가르침을 정리하기로 했다.

그중 하나가『용담유사龍潭遺詞』를 편찬하는 것이었다.『용담유사』는「용담가龍潭歌」,「안심가安心歌」,「교훈가敎訓歌」,「몽중노소문답가夢

中老少問答歌」, 「도수사道修詞」, 「권학가勸學歌」, 「도덕가道德歌」, 「흥비가興比歌」, 「검결劍訣」 등으로 구성되었다.

이는 최제우가 직접 짓고 가사를 붙인 순한글 경전으로, 이후 동학의 기본 경전이 되었다. 한자가 진문이고 한글은 언문이라며 천대받던 시대에 순한글로 지어져 더욱 의미가 있는 글이다.

「용담가」는 최제우가 득도한 바로 그해에 지은 가사이다. 전체가 4장으로 이루어져 있으며, 2음보 1구로 모두 144구이다. 경주 구미산 용담의 아름다움과 득도의 기쁨을 노래한 가사이다. 「안심가」는 2음보 1구로 총 290구로 되어 있으며, 1860년에 발표한 가사이다. 그 당시 사회적으로 불안해하던 부녀자들을 안심시키는 내용을 담고 있다.

「교훈가」는 장편 가사로 1860년 또는 1861년에 발표한 가사이다. 고향의 동학교인들에게 힘써 수도할 것을 당부하고 있는 가사이다. 「몽중노소문답가」는 4장으로 되어 있으며, 2음보 1구로 총 169구로 이루어져 있다. 1861년 또는 1862년에 발표되었다. 최제우의 출생, 성장, 득도과정, 득도내용 등을 설명하고 있다.

「도수사」는 2음보 1구로 총 200구로 된 가사로 1861년에 발표되었다. 득도한 뒤 고향에서 여러 제자들을 가르치다가 고향을 떠나 제자들에게 수도하기를 간곡히 당부한 내용을 싣고 있다.

「권학가」는 2음보 1구로 총 228구로 된 가사로 1862년 새해를 맞이하면서 각지 제자들에 대한 정회情懷를 가눌 길 없어 지은 가사이다.

「도덕가」는 2음보 1구로 총 136구로 된 가사로 1863년 7월 경주 현곡면 등지에서 순회설법하던 당시 지었다. 지벌地閥과 문필文筆보다 도덕이

귀중하다는 점을 강조하고 있다.

「흥비가」는 2음보 1구로 총 184구로 된 가사로 1863년에 지었다. 「시경詩經」의 노래체인 흥興과 비比를 사용하여 도를 닦는 법을 가르치고 있다.

「검결」은 2음보 1구로 총 24구로 된 가사로서 최제우가 정치적 변혁을 꾀했다는 사실을 단적으로 보여주고 있다.

최제우는 전라북도 남원의 은적암에서 수도를 하면서 득도의 기쁨을 이기지 못하여 이 「검결」을 짓고 목검木劍으로 춤을 추었다고 한다.[18]

『용담유사』는 지금은 전해지지 않는 「처사가處士歌」를 포함하여 모두 10편이었다. 1881년 6월, 충청북도 단양군 남면천동 여규덕의 집에서 최시형에 의해 처음 간행되었고, 그뒤 1893년과 1922년에 각각 목판본으로 재간행되었다. 이때 「검결」은 일제강점기여서 재간행되지 못했다.

최제우가 『용담유사』 첫머리에 올린 것이 「용담가」이다. 앞부분을 원문(오른쪽 괄호는 풀이) 그대로 소개한다.

국호는 죠션이오 업호는 경쥬로다 (나라 이름은 조선이요, 고을 이름은 경주로다)

성호는 월성이오 슈명은 문슈로다 (성의 이름은 월성이오, 내川의 이름은 문수로다)

긔즈째 왕도로셔 일천년 안일년가 (오랜 옛적 왕도로서 일천 년을 지냈구나)

동도는 고국이오 한양은 신부로다 (경주는 옛 도읍지였고, 한양은 새 도읍지로다)

아동방 승긴후에 이런왕도 쏘잇는가 (우리나라 생긴 후에 이런 왕도 또 있는가)

슈셰도 조컨이와 산긔도 됴을시구 (물의 기세도 좋거니와 산의 기운도 좋을시고)

「용담가」의 일부.

금오는 남산이오 귀미는 셔산이라 (금오산은 남쪽에 있는 산이요, 구미산은 서쪽에 있는 산이라)

봉황디 놉흔봉은 봉거두공 하여잇고 (봉황대의 높은 봉은 봉황이 날아가 빈 채로 남아 있고)

쳠셩디 놉흔탑은 원셩을 직혀잇고 (첨성대의 높은 탑은 월성을 지키듯 서 있구나)

쳥옥덕 황옥덕은 자웅으로 직혀잇고 (청옥적 황옥적은 짝을 이루어 지키고 있고)

일쳔년 신라국은 소르를 직혀니네 (일천 년의 신라국은 명성을 지켜내는구나)

어화셰샹 사롬 덜아 이런승디 구경하소 (어화, 세상 사람들아, 이런 승지 구경하소)

동읍삼산 볼작시면 신션업기 괴이하고 (동쪽의 삼산三山에는 신선이 살 만하고)

셔읍쥬산 잇셔시니 추로지풍 업슬쏘냐 (서쪽에 주산인 구미산이 있으니 공맹 같은 덕화가 없을쏘냐)

어화셰샹 사롬덜아 고도강산 구경하소 (어화, 세상 사람들아, 옛 도읍의 강산을 살펴
보소)

인걸은 디령이라 명현달수 아니날 ('인물은 땅의 기운을 받아서 난다' 하니 큰 인물이
아니 날까)

하물며 귀미산은 동도지 쥬산일셰 (하물며 구미산은 경주의 주산이라)

곤륜산 일지믹은 즁화로 비려잇고 (곤륜산 한 줄기가 중국으로 뻗어가고)

아 동방 귀미산은 쇼즁화 성겻구나 (우리나라 구미산은 '소중화'를 이루었네)

어화셰샹 사롬덜아 나도쏘혼 출셰후에 (어화 세상 사람들아 나도 또한 이 세상에 태
어나서)

고도강산 직혀니여 세세유젼 안일넌가 (우리 강산 지켜 내어 대대로 물려주어야 하
겠네)


## 6. 하늘처럼 사람을 모시고 섬기는 '시천주' 사상

최제우는 천주(한울님)로부터 받은 계시를 자신의 신앙과 동양철학으
로 정립해 "시천주 조화정 영세불망 만사지"를 포함한 스물한 자 속
에 담았다. 스물한 자의 짧은 글 속에는 동학의 우주관과 인생관과 세
계관이 모두 담겨 있다. 이 글에서 중심이 되는 글자는 '시侍'이다. '시'
에는 '모심'과 '섬김'의 의미가 들어 있는데, 이는 곧 한울님(천주)을 모
시고 섬긴다는 뜻이다.

수운은 주문 21자를 직접 해설하면서 '시侍'자를 "내유신령內有神靈, 외유
기화外有氣化, 일세지인一世之人, 각지불이자야各知不移者也"라고 했다. 이

것을 번역하면 "모신다는 것은, 안으로 신령이 있고 밖으로 기화작용이 있다는 것을 세상 사람들이 각각 알아서 옮기지 않는 것" 정도로 풀이된다.

즉 한울님을 모시고 있다는 것은, 그 한울님이 우리의 몸 안에서는 신령으로 존재하고 몸 밖에서는 기氣로 존재하면서 우리 몸과의 끊임없는 기화氣化 작용을 통해 생명을 유지케 하고 있다는 것이다.

그래서 나의 몸 안팎으로 존재하는 한울님의 실상을 알아서 옮기지 않아야 한다[不移]는 것이다. 여기서 옮기지 않는다는 것은 한울님이 나의 존재와 생명의 근원이라는 것을 알아서 잘 섬기라는 뜻으로 해석된다.[19]

최제우는 「논학문」에서 스물한 자를 이렇게 풀이한다.

'시侍'라는 것은 안에 신령이 있고 밖에 기화가 있어 온 세상 사람이 각각 알아서 옮기지 않는 것이요
'주主'라는 것은 존칭해서 부모와 더불어 같이 섬긴다는 것이요
'조화造化'라는 것은 무위이화요
'정定'이라는 것은 그 덕에 합하고 그 마음을 정한다는 것이요
'영세永世'라는 것은 사람의 평생이요
'불망不忘'이라는 것은 생각을 보존한다는 뜻이요
'만사萬事'라는 것은 수가 많은 것이요
'지知'라는 것은 그 도를 알아서 그 지혜를 받는 것이니라.

최제우는 동학을 창도하는 과정에서 천주天主 또는 '한울님'이라는

「논학문」의 일부.

표현을 썼다. 동서양을 막론하고 하늘[天]은 "인간이 거주하는 지상을 뒤덮으며 일월성신이 빛나는 광대한 공간, 또한 그것에 대한 인간의 종교적인 감정이나 철학적 사유 또는 과학적인 인식 등에서 유래하는 관념"[20]을 나타낸다.

동양의 성현들은 하늘[天]을 심판관의 역할로 절대시했다. 공자는 "나에게 올바르지 못함이 있다면, 천天이 나를 버릴 것"이라고 했으며, 맹자는 "천天이 중대한 임무를 어떤 사람에게 부여하려고 할 때는 반드시 먼저 그 사람의 정신을 고통스럽게 한다"라고 했다.

반면에 순자는 인격적인 천天을 전혀 인정하지 않고 자연의 이법으로서의 천의 측면을 강조한다. "천天의 운행은 일정하여 변하지 않는다. 성왕인 요堯가 출현했다고 해서 존재하고, 폭군인 걸桀이 출현했다고 해서 없어지는 것이 아니다"라고 해서 천의 운행과 인간·사회의 현상을 분리시키는 '천과 인의 분리'를 주장했다.

그럼에도 동양에서는 사마천의 스승이기도 한 동중서董仲舒의 헌책에 의해 천天이 유가儒家의 기본으로 자리 잡게 되었다. 그는 "국가에 도道를 벗어난 실정이 있으면, 천天은 먼저 재해를 내려 견고譴告한다. 그런데도 반성하지 않으면 다시 괴이怪異를 내려 두렵게 한다. 그런데도 개선하지 않으면 마침내 파멸이 찾아온다. 이런 점에서 볼 때, 천의 마음은 군주를 사랑하여 그의 혼란을 방지하려는 것임을 알 수 있다"[21]라고 했다. 그것은 순자처럼 '천과 인의 분리'를 증명하기 위한 것이 아니라 음양설을 가지고 역으로 천인상관을 보장한 것이다.

조선시대 율곡 이이는 "하늘이라는 것은 이理와 기氣일 뿐인데, 이는 아주 작은 빈틈도 없으나 기는 유통流通하는 방법이 있어서, 사람의 일에 잘잘못이 있으면 재앙과 상서가 그 유類대로 나타난다"(『율곡집』)라고 했다.

하늘과 관련한 경구도 적지 않다.


"사람은 하늘이 주시지 않으면 아무것도 받을 수 없다."(『신약성서』)

"하늘은 우리가 범한 죄에 대하여 분노한다. 그러나 속세는 우리가 행한 덕에 대하여 분노하는 것이다."(탈무드)

"하늘이 바라는 바를 하지 않고 하늘이 바라지 않는 바를 하면, 즉 하늘도 또한 사람이 바라는 바를 하지 않고 바라지 않는 바를 한다."(묵자)

"하늘은 높으면서 낮은 것을 듣는다."(사마천)

한국인들에게 하늘은 심판관으로서의 준엄한 존재로 인식된다.

"하늘 무서운 줄 알라."
"천벌을 받는다."
"마른하늘에 날벼락 맞는다."
"하늘이 돕는다."
"하늘에 죄지으면 기도할 데도 없다."
"하늘을 지붕 삼는다."
"하늘 같은 은혜."

한국인이 가장 좋아하는 시구 중의 하나는 "죽는 날까지 하늘을 우러러 한 점 부끄럼이 없기를, 잎새에 이는 바람에도 나는 괴로워했다"(윤동주, 〈서시〉)이다.

최제우의 '시인천侍人天' 사상의 핵심은 하늘을 '모시'고 '섬기'듯이 사람을 하늘처럼 '모시'고 '섬기'자는 것이다. "시천주 조화정 영세불망 만사지"에 담긴 뜻이다.


## 7. '한울님' 또는 '천주'에 담긴 철학

최제우는 절대신의 존재를 '한울님' 또는 '천주'로 불렀다. 한국에서는 종교나 종파에 따라 하나님, 하느님, 한울님, 천제님, 상제님 등으로 불린다. 부르는 이름은 각기 달라도 목표 지점은 똑같다. 외국도 크게 다르지 않다.

모든 종교는 하느님에게로 향하는 것이다. 각기 다른 하느님이 아니라, 단지 각기 다른 이름을 가진 하나의 하느님으로 향하는 길이다. 세계의 위대한 종교를 연구해보면 그들이 의견을 달리하는 것보다는 동의하는 점들이 훨씬 많다는 것을 알게 되고 깜짝 놀랄 것이다.

그들이 구체적으로 내세우는 봉사의 규정은 다르면서 봉사를 하겠다는 마음에 있어서는 모든 종교가 극히 유사하다. 친절하겠다는 단순한 교리에 대하여 "바람과 바람의 여러 가지 길이 있을 뿐이다." 모든 위대한 종교의 창시자들이 이러한 동일한 빛으로부터 영감을 받아서 그들의 철학을 모두 믿음, 희망, 사랑의 동일한 기초 위에 설립했다는 것은 극히 중요한 일이다.[22]

수운이 생각하는 한울님[天主]은 ① 인격적인 분, ② 유일하신 분, ③ 되어져가는 분, ④ 몸에 모셔져 있는 분으로 보았다. 인격적이고 유일하신 분이라는 점에서는 다른 신 관념과 크게 다를 것이 없다. 그러나 되어져가는 시간적인 분이며 우리 몸에 모셔져 있는 분이라는 관념은 전혀 다르다. 이런 신 관념은 수운이 처음으로 이 세상에 밝힌 셈이다.[23]

최제우의 '시천주侍天主' 신 관념의 주조는 "네 몸 안에 한울님이 모셔 있다"는 신앙심이다. 사람 안에 절대자인 한울님이 존재한다는 말은 '하늘=사람', 즉 '시천주', '사인여천', '인내천' 사상의 결정結晶에 이른다. 인권사상의 최고의 가치라 할 수 있다.

네 몸에 모셨다는 말에는 세 가지 뜻이 들어 있다. "부모님을 모셨다" "어른을 모시고 다녀왔다” “선생님을 사랑방에 모셨다”는 식으로 세 가지 의미가 내포되어 있다. “부모님을 모셨다”는 것은 부모님을 봉양한다는 뜻이다. “어른을 모시고 다녀왔다”는 것은 어른이 편안하도록 시중들었다는 뜻이다. 그리고 “선생님을 사랑방에 모셨다”는 것은 선생님을 사랑방이란 곳에 있도록 했다는 뜻이다.

이 중 “한울님을 네 몸에 모셨다”는 말은 바로 “선생님을 사랑방에 모셨다”는 말과 같은 뜻을 가지고 있다. 즉 선생님을 사랑방이라는 장소에 있도록 했듯이 한울님(신령)을 내 몸 안이란 장소에 좌정하게 했다는 뜻이다. 아버님을 선산에 모셨다고 하면 선산이란 장소에 부친의 산소를 모셨다는 뜻이다. 이 시侍 자를 잘 모시라는 뜻으로 해석하면 안 된다. 내 몸 안의 장소에 머물고 있다는 것을 말한다.

이 시천주侍天主라는 말에 대해 일부에서는 “한울님을 잘 모시라”는 뜻으로 풀이하는 경우가 있다. 이런 해석은 「논학문」의 시자 해석이나 「교훈가」의 “네 몸에 모셨으니 사근취원捨近取遠하단 말가”라는 말을 전혀 도외시한 독단이라 할 수 있다. 만일 시侍 자를 “한울님을 잘 모시라”는 뜻으로 해석하면 “가까이 있는 것을 버리고 먼 데서 구하지 말라”는 말과 연결시킬 수가 없다. “네 몸에 모셨으니 사근취원하단 말가”라는 말은 “네 몸 안이라는 아주 가까운 곳에 모셔져 있으니 이 가까이 있는 한울님을 버리고 먼 데서 구하려 하지 말라”는 뜻이다.[24]

최제우는 사람과 한울님의 관계를 ‘시천주’로 정립하면서 사람이 태어난 근본과 삶의 참된 도리를 여기서 찾았다. 사람이 한울님을 안다는 것은, 안으로 한울님의 신령이 있고 밖으로 또한 한울님의 기화가 있음을 알고 섬기는 데 있다는 것이다. 동학 2세 교주 해월 최시형은 '내유신령'과 '외유기화'를 이렇게 해석한다.

내유신령은 처음 세상에 태어날 때 갓난아기의 마음이요, 외유기화는 포태할 때에 이치와 기운이 있고 바탕에 응하여 체體를 이루는 것이니라. 그러므로 밖으로 정령하는 기운이 있고 안으로 강화의 가르침이 있다는 것과 지기금지至氣今至 원위대강願爲大降이라 한 것이니라.[25]

최제우는 「논학문」에서 '시천주'의 '주主' 자를 해석하여, "주라는 것은 존칭해서 부모와 더불어 같이 섬긴다는 것이요"라고 했다. 한울을 곁에 계시는 부모님처럼 모시고 봉양하라는 뜻이다. 여기에는 '하늘=부모=자식=모든 인간'의 일체성이 부여된다.

# 1. '후천개벽'의 새 세상 열고자

최제우가 창도한 동학의 또 다른 핵심 주제는 후천개벽後天開闢 사상
이다. 개벽開闢은 '언천지지초개야言天地之初開也'라고 해서 '하늘이 처
음 열리고[開闢] 땅이 처음 이룩됨[地闢]'을 의미하는 말이다. 중국 『후
한서後漢書』에 따르면 개벽은 천지창조의 모습, 즉 천지가 처음 시작
된 것을 가리킨다.

천지가 처음 시작된 개벽을 기준으로, 천지창조 이전을 선천先天이
라 하고 그 이후를 후천後天이라고 불렀다. 최제우는 「용담가」에서 개
벽의 의미를 이렇게 설명한다.

한울님 하신 말씀 개벽 후 오만 년에 (한울님 하신 말씀 "개벽 후 오만 년에)

네가 또한 첨이로다 나도 또한 개벽 이후 (네가 또한 처음이로다. 나도 또한 개벽 이

후)

노이무공勞而無功 하다가서 너를 만나 성공하니 (노력은 했으나 성공하지 못하다
가 너를 만나 성공하니)

나도 성공 너도 득의得意 너희 집안 운수로다 (나도 성공 너도 득의 너희 집안 운수
로다")

이 말씀 들은 후에 심독희자부心獨喜自負로다 (이 말씀 듣고 나니 마음으로 기뻐하
며 자부심이 생겼도다)

어화 세상 사람들아 무극지운無極之運 닥친 줄을 (어화, 세상 사람들아, 무극대도
의 운수가 닥친 줄을)

너희 어찌 알까 보냐 기장하다 기장하다 (너희들이 어찌 알겠느냐. 기장하다, 기장하
다.)

이내 운수 기장하다 구미 산수 좋은 승지 (이내 운수 기장하도다. 구미 산수 좋은 승
지)

무극대도 닦아 내니 오만년지운수五萬年之運數로다 (무극대도 닦아내니 오만 년
의 운수로다)


최제우는 자신이 5만 년 만에 처음으로 대운을 받아 후천 5만 년의
무극대도를 받게 되었다고 밝히고 있다. 그는 개벽을 통해 '시천주'의
새 세상을 열고자 했다. 그렇다면 최제우가 추구한 개벽은 과연 어떤
세상일까.

동학에서 말하는 개벽은 그 태초의 우주를 다시 창조하는 것이 아니라 인
간의 의지적 노력에 의하여 새로운 하늘과 새로운 땅을 연다는 '다시 개
벽' 또는 '후천개벽'이다. 후천개벽은 현존하는 인간이 본래의 하늘을 다

시 열고 본래의 땅을 다시 회복하여 합일 또는 원시반본原始反本하는 것으로 볼 수 있다.

현존 안에서의 새로운 우주 탄생이라 할 수 있다. 그러므로 후천개벽은 인간을 떠나서 논할 수 없는 문제이다. 즉 인간의 노력에 의하여 새로운 하늘과 새로운 땅을 창조하는 것이 '후천개벽'이다.[1]

『천도교창건사』에서 이돈화는 최제우가 후천 5만 년의 대운을 타고 후천개벽의 시조로서 이 세상에 왔음을 강조한다. "오도吾道의 대운은 천황씨의 근본원리를 회복한 것이니 고로 무극지운이라 하는 것이니라. 천황씨라 함은 선천개벽의 시조를 의미하여 말한 것이요, 대신사大神師 스스로 천황씨라 칭하심은 후천개벽의 시조를 자처한 것이니 도 닦는 자 선천의 탕기蕩氣를 버리고 후천신생의 숙기淑氣를 아양하면 은은총명이 자연의 중에서 화출할지니라."[2]

이와 관련해서 한국의 민중종교사상을 연구한 유병덕 교수는 다음과 같은 견해를 밝혔다.

이 운도運度는 우주 흥망성쇠의 자연이법에 의한 것이다. 자연적 운도에 의하여 천지가 변화하는 주기는 이렇게 된다. 만 년에 크게 한 번 변하고 천 년에 중中으로 한 번 변하고 백 년에 적게 한 번 변하는 것은 천운天運이요, 천 년에 크게 한 번 변하고 백 년에 중으로 한 번 변하고 십 년에 적게 한 번 변하는 것은 인사人事라는 것이다. 이와 같이 자연적 주기적으로 운도는 변화하는 것으로 본 것이다.

또 성한 것이 오래가면 쇠하고 쇠한 것이 오래면 성하고 밝은 것이 오

래면 어둡고 어두운 것이 오래면 밝나니 성쇠명암<sup>盛衰明暗</sup> 이것은 천도의
운이요, 흥한 뒤에는 망하고, 망한 뒤에는 흥하고, 길한 뒤에는 흉하고,
흉한 뒤에는 길하나니 흥망길흉<sup>興亡吉凶</sup> 이것은 인도의 운이라고 해월은
말한다.

　천운에 따라 우주의 성쇠와 흥망이 되풀이되고 있으며, 이 운의 도수
에 따라 인간사의 변화가 이룩된다고 보았던 것이다.[3]

　최제우의 '후천개벽론'은 일종의 혁명사상이다. 선천의 낡은 세상
을 뒤엎고 새로운 시대를 열고자 하는 변혁론이다. 다만 그것이 물리
적인 방법이 아니라 우주의 주체인 사람이 하늘의 운수를 받아 정신
적으로 신앙적으로 개척하는 길이다. '시인천'이요, 무극대도의 길이
다.

　구한말의 어지러운 시국을 맞은 최제우는 조선의 시운이 다 되었
다고 보았다. 그래서 개벽을 주창한 것이다. 그는 "아서라 이 세상은
요순지치<sup>堯舜之治</sup>라도 부족시<sup>不足施</sup>요 공맹지덕<sup>孔孟之德</sup>이라도 부족언<sup>不
足言</sup>이라"(「몽중노소문답가」) 하고, "유도불도<sup>儒道佛道</sup> 누천년<sup>累千年</sup>에 운이
역시 다했던가"(「교훈가」)라고 적시했다.

　최제우는 구한말의 암담한 시국을 맞아 깊은 위기의식을 느끼면
서 개벽론을 펴고 민족사적인 경장을 바랐다. "임금이 임금답지 못하
고 신하가 신하답지 못하고 자식이 자식답지 못하다"(「몽중노소문답가」)
라고 비판하고, "또 이 근래에 오면서 온 세상 사람이 각자위심하여
천리를 순종치 아니하고 천명을 돌아보지 아니하므로 마음이 항상
두려워 어찌할 바를 알지 못하였더라"(「포덕문」)라면서 어지럽고 각박

한 세상의 변혁을 시도했다.

흔히 동학을 혁명사상이라고 부르는 것은 "역易에 기초한 순환사관을 바탕에 깔면서도 개벽이란 변혁에 중점"(신일철 교수)을 두고 있기 때문이다. 최제우와 동학이 바라는 후천은 어떤 세상일까.

동학적 이상향은 후천개벽에 의한 무극대도의 세계, 즉 우주자연과 인간, 인간과 인간의 연대성에 기초한 군자공동체로서의 자유민권사회이다. 후천개벽은 '힘의 지배시대'의 종언인 동시에 '시천주'로서의 자각적 주체에 의한 생명시대의 개창이다. 「몽중노소문답가」에 나오는 태평곡 '격양가'가 의미하는 무위자연의 이상향은 소국과민小國寡民의 촌락공동체를 이상사회의 원형으로 보는 노자의 관점과 일맥상통하는 점이다.

이러한 동학적 사회관은 NGO와 다국적기업의 다원화된 활동증대로 국민국가의 패러다임이 깨어지고 그 결과 '제2의 근대'의 도전에 직면하게 된 오늘날에 재음미될 수 있는 것이라 하겠다.[4]

## 2. 「포덕문」통해 말세적 위기 진단

종교의 창도자들은 대부분 혁명가적인 기질을 갖고 있다. 기성체제·기성질서, 곧 앙시앙레짐(구체제)에 도전하려면 혁명적이지 않으면 꿈을 이루기가 불가능하기 때문이다. 그러나 그들의 수단과 방법은 서로 크게 다르다.

종교적인 선지자들은 신앙과 덕성으로 백성들에게 뜻을 알리고자 하고, 물리적 변혁을 도모하고자 하는 자들은 강박과 무력을 동원한다. 그래서 정치가들은 계엄령과 포고문을 즐기고, 선지자들은 '포유문'이나 '포덕문'을 발표한다.

최제우는 1861년 봄에 「포덕문」을 발표하면서 용담으로 찾아오는 사람들에게 본격적으로 포덕布德(동학·천도교의 전도)을 시작한다. 부패한 왕조가 천명을 돌보지 않고 천리에 순하지 않은 까닭에 '인심은 곧 천심'이라는 민본적 천명사상에 준거하여 포교를 시작했다.

최제우가 동학의 포교를 시작하면서 발표한 「포덕문」의 '포덕布德'은 포교의 의미와 함께, 동학·천도교의 연호年號로 사용되고 있다. 동학과 천도교는 그 시원을 창도자의 탄생에 두지 않고, 창도자인 최제우가 득도한 시점, 곧 1860년(경신)을 원년元年으로 삼는다.

동학의 경전 중에서도 비중이 가장 큰 「포덕문」은 다음과 같다.

저 옛적부터 봄과 가을이 갈아들고 사시가 성하고 쇠함이 옮기지도 아니하고 바뀌지도 아니하니 이 또한 한울님 조화의 자취가 천하에 뚜렷한 것이로되,

어리석은 사람들은 비와 이슬의 혜택을 알지 못하고 무위이화로 알더니,

오제 후부터 성인이 나시어 일월성신과 천지도수를 글로 적어내어 천도의 떳떳함을 정하여 일동일정과 일성일패를 천명에 부쳤으니, 이는 천명을 공경하고 천리를 따르는 것이니라. 그러므로 사람은 군자가 되고 학은 도덕을 이루었으니, 도는 천도요 덕은 천덕이라. 그 도를 밝히고 그 덕을 닦음으로 군자가 되어 지극한 성인에까지 이르렀으니 어찌 부러워 감탄하지 않으리오.

또 이 근래에 오면서 온 세상 사람이 각자위심하여 천리를 순종치 아니하고 천명을 돌아보지 아니하므로 마음이 항상 두려워 어찌할 바를 알지 못하였더라.

경신년에 와서 전해 듣건대 서양사람들은 천주의 뜻이라 하여 부귀는 취하지 않는다 하면서 천하를 쳐서 빼앗아 그 교당을 세우고 그 도를 행한다고 하므로 내 또한 그것이 그럴까 어찌 그것이 그럴까 하는 의심이 있었더니,

뜻밖에도 사월에 마음이 선뜩해지고 몸이 떨려서 무슨 병인지 집중할 수도 없고 말로 형상하기도 어려울 즈음에 어떤 신선의 말씀이 있어 문득 귀에 들리므로 놀라 캐어 물은즉 대답하시기를 "두려워하지 말고 두려워하지 말라. 세상 사람이 나를 상제라 이르거늘 너는 상제를 알지 못하느냐." 그 까닭을 물으니 대답하시기를 "내 또한 공이 없으므로 너를 세상에 내어 사람에게 이 법을 가르치게 하니 의심하지 말고 의심하지 말라." 묻기를 "그러면 서도로써 사람을 가르치리이까." 대답하시기를 "그렇지 아니하다. 나에게 영부 있으니 그 이름은 선약이요 그 형상은 태극이요 또 형상은 궁궁이니, 나의 영부를 받아 사람을 질병에서 건지고 나의 주문을 받아 사람을 가르쳐서 나를 위하게 하면 너도 또한 장생하여 덕을 천하에 펴리라."

나도 또한 그 말씀에 느끼어 그 영부를 받아 써서 물에 타서 마셔본즉 몸이 윤택해지고 병이 낫는지라, 바야흐로 선약인 줄 알았더니 이것을 병에 써봄에 이른즉 혹 낫기도 하고 낫지 않기도 하므로 그 까닭을 알 수 없어 그러한 이유를 살펴본즉 정성드리고 또 정성을 드리어 지극히 한울님을 위하는 사람은 매번 들어맞고 도덕을 순종치 않는 사람은 하나도 효험

이 없었으니 이것은 받는 사람의 정성과 공경이 아니겠는가.

이러므로 우리나라는 악질이 세상에 가득 차서 백성들이 언제나 편안할 때가 없으니 이 또한 상해의 운수요, 서양은 싸우면 이기고 치면 빼앗아 이루지 못하는 일이 없으니 천하가 다 멸망하면 또한 순망지탄이 없지 않을 것이라. 보국안민의 계책이 장차 어디서 나올 것인가.

애석하도다. 지금 세상 사람은 시운을 알지 못하여 나의 이 말을 들으면 들어가서는 마음으로 그르게 여기고 나와서는 모여서 수군거리며 도덕을 순종치 아니하니 심히 두려운 일이로다. 어진 사람도 이를 듣고 그것이 혹 그렇지 않다고 여기니 내 못내 개탄하거니와 세상은 어찌 할 수 없는지라, 간략하나마 적어내어 가르쳐 보이니 공경히 이 글을 받아 삼가 교훈의 말씀으로 삼을지어다.[5]

## 3. 동학 '주문呪文'의 의미

모든 종교는 기도할 때 일정한 주문呪文이 있다. 동학(천도교)에서는 심령을 닦고 한울님께 빌 때에 암송하는 여러 가지 글귀를 주문이라 한다. 기독교에는 『마가복음』, 『누가복음』, 『마태복음』에 주기도문主祈禱文이 실려 있다. 『마태복음』의 주기도문은 "하늘에 계신 우리 아버지여, 이름이 거룩히 여김을 받으시오며, 그 나라가 임하옵시며, 뜻이 하늘에서와 같이 땅에서도 이루어지이다"라고 이어진다.

동학 경전에는 여러 곳에 주문이 언급되어 있다.

"이 영부를 받아서 사람들을 질병으로부터 구해내고 주문을 받아서 사람

들을 가르쳐 나를 위하게 하면 너도 장생하여 천하에 포덕할 것이다."(『포
덕문』)

"이제 네가 무궁무궁한 도를 받았으니 이것을 잘 체득하여 '그 문文'을 지
어 사람들을 가르치고, '그 법法'을 마련하여 포덕을 하면 너를 장생케 하
여 천하에 빛나게 할 것이다. 나도 1년이 거의 지나도록 이 도를 닦으면서
생각하여 보니 역시 자연스러운 이치가 있으므로 한편으로 주문을 짓고
한편으로 강령의 법을 마련하고 또 한편으로 불망不忘의 가사를 지었다.
도를 닦는 절차와 방법으로 말하면 21자가 으뜸이다."(『논학문』)

"가슴속에 불사약을 품고 있는데 그 모양은 궁을(弓乙)이오, 입으로는 장생
의 주문을 외우는데 그것은 21자이다."(『수덕문』)

"누워서 높은 소리로 주문을 외우는 것은 우리 성도에 대한 큰 태만이
다."(『수덕문』)

"21자(주문)를 그려 세상에 내놓았으니 세상의 모든 악마가 항복한다."(『항
시降詩』)

"열석 자 지극하면 만권시서萬卷詩書 무엇하며."(『교훈가』)

"오는 사람 효유해서 3·7자(주문 21자) 전해주니 무위이화無爲而化 아니런
가."(『도수사』)

"교사巧詐한 저 사람은 좋은 듯이 듣고 앉아 중심에 하는 말이 네복인가
내복인가."(『열세 자』)

"그런 생각 두지 말고 정심수도 하여라. 시킨 대로 시행해서 차차 가르치
면 무궁조화 다 던지고 포덕천하 할 것이니 차제次第 도법 그뿐일세. 법을
정定코 '글을 지어' 입도한 세상 사람 그날부터 군자되어 무위이화無爲而化
할 것이니."(『교훈가』)[6]

동학의 '주문'은 창도자인 최제우가 직접 만든 것인가 아니면 한울님으로부터 내려받은 것인가. 「논학문」에는 어느 날 최제우와 제자가 이 문제를 두고 이야기를 나눈 기록이 있다.

"주문의 뜻은 무엇입니까."
"지극히 한울님을 위하는 글이므로 주문이라 이르는 것이니, 지금 글에도 있고 옛글에도 있느니라."

이 문답에서 수운은 주문이라는 개념을 밝혔다. 즉 주문을 "지극히 한울님을 위하는 글"이라고 해석한다면 주문이 한 가지만이 아니라는 것을 알 수 있다. 또 동학에서는 실제로 선생 주문과 제자 주문이 구분되어 전해지고 있다. 이러한 점으로 보아 주문이 확정되기까지 다소의 퇴고 과정이 있는 듯하다. 퇴고를 했다면 역시 받았다기보다 만들었다고 보는 것이 좋을 듯하다.[7]

「대선생문집」에는 "비로소 주문 두 가지를 지었으며 그 하나는 선생이 읽고 하나는 자질子侄에게 전해주었다. 또한 강령하는 수행법도 만들었다. (중략) 그리고 가르친 것은 식사할 때 한울님에게 고하는 일과 나가거나 들어오면 반드시 한울님에게 고하도록 하는 심고心告라는 수행법을 만들었다"라고 기록되어 있다.

수운이 만든 수행법은 바르고 참되고 뜻있게 살아가는 길을 찾는 데 초점을 맞추고 있다. 과거의 종교처럼 우리의 영혼은 영원하므로 저세상에 있는 천당이나 극락에 가기 위한 수행과는 다르다. 그리고 현실세계에서 주어진 상황을 받아들이고 내일을 어떻게 하면 참되고 바르고 뜻있게 살아갈 수 있게끔 만들어가느냐에 초점이 맞추어져 있다. 강령주문이나 본주문도 여기서 벗어나지 않으며 모든 의례 또한 여기에 맞추어져 있다.[8]

일반적으로 '주문'이라 하면 부정적으로 인식되는 경향이 있다. '주呪' 자가 '저주詛呪'라는 말에 쓰이기 때문이다. 그러나 최제우는 다른 의미로 이 말을 썼고, 동학의 포교와, 특히 그의 사후 1894년 동학혁명기에는 군사를 동원하는 데도 큰 효험이 있었다고 한다.

주呪 자의 원래 뜻은 모르나 축祝 자와 통한다고 한다. 아마도 주문은 축문과 같은 뜻으로 썼던 모양이다. 동시에 주문은 주술과 통하는 면이 있다. 그럼에도 불구하고 주문이라 한 것은 무슨 이유였을까? 주술이란 초자연의 어떤 힘을 빌려 자신의 소원을 이루려는 행위이다. 무조건 주문만 외우면 병도 낫고 재앙도 면하고 소원도 이루어진다는 것이 주술행위이다.

이런 전래의 주문형식을 취한다는 것은 오해를 살 위험이 없지 않다. 그러나 민중들은 주문에 대한 신비스런 관념을 가지고 있으므로 손쉽게 받아들일 수 있다고 여겨 그런 형식을 취했던 것으로 본다. 그 대신 글의 내용을 다듬어 주문은 "한울님을 지극히 위하는 글"로 바꾸어놓은 것이다.[9]

동학의 주문 중에서 으뜸은 역시 스물한 자로 된 '시천주' 주문이다. 동학 주문을 연구한 최동희 교수는 '13자 주문(본주문)'을 다음과 같이 풀이한다.

"한울님을 모시면 그 놀라운 덕(조화)이 저절로 체득되고 한울님을 길이 잊지 않으면 모든 것이 저절로 깨달아집니다." (중략) 이러한 내용의 주문은 일반용어에 따른다면 주문이 아니라 기도문이라고 할 수 있다.[10]

# 6. 동학의 경전 『용담유사』 짓다

## 1. 「검결」에 담긴 뜻

최제우는 1860년 4월 5일(음력) 종교 체험을 통해 한울님으로부터 주문과 영부를 받고 무극대도를 얻기 위해 수련과 정진을 계속했다. 그렇게 수련과 정진을 하는 동안에 최제우는 종교를 창도한 성인들과 다른 길을 걸었다. 동학의 경전 『용담유사』에 실리는 각종 가사를 직접 지었던 것이다. 석가, 예수, 마호메트 등 성인들은 종교를 창도할 때 글이 아닌 '말씀'을 제자와 신도들에게 남겼고, 훗날 제자들이 이 '말씀'을 글로 정리했다. 그러나 최제우는 이들과 달리 경전을 직접 남겼다.

1860년은 조선(대한제국)이 일제에 병탄되기 꼭 50년 전이다. 이 시기에 최제우의 등장은 '역사순환사관'이나 '종교섭리론'으로 보아서 '후천개벽'을 통한 메시아의 의미를 부여할 수 있을 것이다. 그가 이 시기에 받은 주문과 영부, 그리고 한글로 손수 지은 각종 '가사'들은 한결같이 '시대적 변혁 의지'와 '종교적 정신 희열'을 담고 있다. 그중에서 '칼 노래'라는 뜻의 「검결劍訣」 또는 「검가劍歌」는 특별한 의미가 있다. 「검결」은 2음보 1구인, 총 24구의 짧은 노래이다.

최제우가 「검결」과 「검가」를 별도로 지은 것인지, 같은 내용인지는 정확하지 않다. 1922년에 천도교단에서 『용담유사』를 간행할 때 「검결」과 「검가」는 웬일인지 빠졌다. 일제의 탄압을 피하고자 하여 뺀 것인지, 아니면 총독부 검열과정에서 삭제된 것인지, 확실하지 않다. 지금까지 남아 있는 것은 필사되어 전해진 것을 옮긴 것이다.

「검결」의 가사에는 사회변혁적 의지가 강하게 담겨 있다. 최제우는 전라북도 남원의 은적암에서 수도하면서 득도의 기쁨을 이기지 못하여 「검결」을 짓고 목검木劍으로 춤을 추었다고 한다.

「검결」은 그 제목에서 시사되는 바와 같이 '검무劍舞'라는 춤동작과 직결되는 작품으로, 동학의 의식에서 주로 사용되던 노래이다. 동학의 의식에서는 특히 달이 밝은 밤이면 산정에 올라 하늘에 제天祭를 지내는데, 이 의식이 절정에 이르렀을 때 목검木劍을 손에 쥐고 검무를 추면서 의식에 참가한 사람들이 입을 모아 이 노래를 불렀다고 한다.

이러한 「검결」이 보여주고 있는 모습은 곧 동학이라는 종교적 의식, 또는 표현의 하나로서, '칼'이 지니고 있는 상징적인 의미와 함께 동학이 지향하는 후천개벽의 새로운 세상을 위해 보다 구체적이고 직접적으로 나서겠다는, 그러한 일련의 의지를 작품을 통해 드러낸 것이라고 할 수 있다.[1]

종교집단에서 '검무'를 추고 '검결'을 찬양하기란 쉽지 않다. 내용도 무기武氣가 넘친다. "용천검 드는칼을 아니쓰고 무엇하리 / 무수장삼 떨쳐입고 이칼저칼 넌즛들어 / 호호망망 넓은천지 일신으로 비껴서서 / 칼노래 한곡조를 시호시호 불러내니"에서 보듯이 최제우는 수도나 포덕에만 그치지 않고 후천개벽의 세상을 위한 변혁을 시도했음을 알 수 있다.

1894년 갑오농민혁명 때에는 이 「검결」이 동학군의 군가로 애창되었다고 한다. 「검결」의 전문은 다음과 같다.

시호시호 이내시호 부재래지 시호로다
만세일지 장부로서 오만년지 시호로다
용천검 드는칼을 아니쓰고 무엇하리
무수장삼 떨쳐입고 이칼저칼 넌즛들어
호호망망 넓은천지 일신으로 비껴서서
칼노래 한곡조를 시호시호 불러내니
용천검 날랜칼은 일월을 희롱하고
게으른 무수장삼 우주에 덮혀있네
만고명장 어디있나 장부당전 무장사라
좋을시고 좋을시고 이내신명 좋을시고

'시호時乎'란 때가 이르렀다는 말이다. 지금은 다시 올 수 없는 기회이며, 개벽 후 5만 년 동안 처음으로 맞이한 시기에 용천검을 사용하자는 내용이다. 이 노래를 부르며 칼춤을 추는 의식은 곧 '혁명'의 거사를 의미했다. 이러한 급진적 내용 때문에 「검결」이 『용담유사』를 간행할 때 빠지게 된 건 아닐까.

## 2. 「안심가」의 의미, 그리고 '서학'이라는 중상모략

최제우가 1860년대에 지은 '동학 가사'는 동학을 창도하면서 포교할 때 사용하기 위해 만든 여러 수단 중 하나였다. 그러나 이 가사는 단순히 종교적 의미를 넘어 국문학적으로도 가치 있는 소중한 유산이다. 조동일 교수는 『용담유사』를 1860년대 봉건 조선이 맞닥뜨린 대내외적 모순에 적극적으로 대응한 것으로 개화기 우국가사의 시초로서 높이 평가받아야 한다고 했고, 김인환 교수는 '반침략과 반봉건의 민족혁명'을 노래한 19세기 최대의 시가로 평가하며 국문학사에 더욱 적극적으로 편입시켜야 한다고 지적했다.[2]

『용담유사』의 10편 중 지금까지 전해지는 9편은 어느 것 하나 소홀히 할 수 없는 가사들이다. 원문은 모두 당시의 한글체여서 현대인들이 읽기란 쉽지 않다. 따라서 현대어로 '번역'하면서 중요하다고 생각하는 내용을 중심으로 살펴본다.

「안심가」는 내우외환의 시국상황과 괴질 등으로 불안해하던 여성들을 안심시키기 위하여 지은 가사이다. 최제우는 이 가사에서 득도한 뒤 하늘에서 물형부物形符를 받아 이를 그린 종이를 먹고 선풍도골이 된 자신을 서학西學한다고 비난하는 사람들을 나무라고, 왜적을 비판하면서 자신이 앞서서 왜적을 쓸어버릴 터이니 여성들은 안심하라고 당부한다.

공중에서 외는 소리 (공중에서 들려오는 소리)

천지가 진동할 때 (천지가 진동할 때)

집안사람 거동 보소 (집안사람 거동 보소.)

경황실색驚惶失色 하는 말이 (놀라고 두려워 낯빛이 변하면서 하는 말이,)

애고 애고 내 팔자야 ("애고, 애고, 내 팔자야.)

무삼 일로 이러한고 (무슨 일로 이러한가.)

애고 애고 사람들아 (애고, 애고, 사람들아, )

약藥도사 못해 볼까 (약도 쓸 수 없단 말가.)

침침칠야沈沈漆夜 저문 밤에 (캄캄한 이 밤중에)

눌로 대해 이 말할꼬 (누구를 대해 이 말을 할꼬.)

경황실색 우는 자식 (놀라고 두려워 우는 자식이)

구석마다 끼어 있고 (구석마다 끼어 있고,)

댁의 거동 볼작시면 (집안사람 거동 보면)

자방머리 행주치마 (자방머리 행주치마)

엎어지며 자빠지며 (엎어지며 자빠지며)

종종걸음 한창 할 때 (종종걸음 한창 할 때,)


최제우는 천지가 진동하는 듯한 소리를 들었고, 몸이 떨리며 정신
이 아득하여 마음을 가다듬기 어려웠던 '신 체험'의 과정도 「안심가」
에 담았다. 그러나 가족은 이런 사정을 모른 채 드디어 최제우가 정신
이 이상해졌다고 단정한다.


모자가 마주 앉아 (모자가 마주 앉아)

수파통곡手把痛哭 한창 할 때 (손을 잡고 통곡할 때,)

한울님 하신 말씀 (한울님 하신 말씀,)

지각없는 인생들아 ("지각없는 인생들아,)

삼신산三神山 불사약不死藥을 (삼신산 불사약을)

사람마다 볼까 보냐 (사람마다 볼까 보냐.)

미련한 이 인생아 (미련한 이 인생아,)

네가 다시 그려내서 (네가 다시 그려내서)

그릇 안에 살라두고 (그릇 안에 살라두고)

냉수일배冷水一盃 떠다가서 (냉수 한 그릇 떠다가서)

일장 탄복一張呑服 하여스라. (물에 타서 마시어라.")

이 말씀 들은 후에 (이 말씀 들은 후에)

바삐 한 장 그려내어 (바삐 한 장 그려내어)

물에 타서 먹어보니 (물에 타서 먹어 보니,)

무성무취無聲無臭 다시없고 (소리도 없고 냄새도 없고)

무자미지특심無滋味之特甚이라(아무 맛도 없더라.)

그럭저럭 먹은 부가 (그럭저럭 먹은 부가)

수백장이 되었더라 (수백 장이 되었더라.)

칠팔삭 지내나니 (칠팔 개월을 지내나니)

가는 몸이 굵어지고 (가는 몸이 굵어지고)

검던 낯이 희어지네 (검던 낯이 희어지네.)

어화 세상 사람들아 (어화, 세상 사람들아,)

선풍도골仙風道骨 내 아닌가 (신선의 모습이 바로 나 아닌가.)

마침내 '신 체험'을 겪은 최제우는 득도의 과정에 이르고, 종교적인
신념은 더욱 굳어진다.

요악 妖惡한 고 인물이 (요악한 고 인물이)

할 말이 바이없어 (할 말이 그리도 없는지,)

서학 西學이라 이름하고 (서학이라 이름하고)

온 동내 외는 말이 (온 동네에 떠들고 다니는 말이,)

사망념 邪妄念 저 인물이 ("사악하고 요망한 저 인물이)

서학에나 싸잡힐까 (서학에 싸잡혔구나.")

그 모르는 세상 사람 (그것을 모르는 세상 사람)

그거로사 말이라고 (그것을 말이라고 듣고)

추켜들고 하는 말이 (추켜들고 하는 말이,)

용담 龍潭에는 명인 名人 나서 ("용담에는 명인 나서)

범도 되고 용도 되고 (범도 되고 용도 되고)

서학에는 용터라고 (서학에는 용하다"고)

종종걸음 치는 말을 (여기저기 다니면서 쑥덕거리는 말을)

역력히 못할러라 (일일이 다 못 하겠구나.)


최제우가 득도하고 동학을 창도하면서 주위에서는 엉뚱한 소문이
나돌았다. 정신이상자라는 둥 심지어 '서학'을 한다는 둥 모함이 끊이
지 않았다. 당시는 서학(천주교)을 하면 바로 붙잡혀 처형당하는 때여
서, 그를 서학하는 사람으로 중상모략하는 유생들도 나타나기 시작
했다.

## 3. 「교훈가」통해 유생들의 비난을 비판

『용담유사』의 「교훈가」는 득도한 이듬해인 1861년에 지은 가사이다.
자식과 조카들에게 내리는 교훈의 형식이지만, 교도들에게 힘써 수
도할 것을 당부하는 내용이다. 사람의 몸 안에 이미 한울님을 모시고
있으므로 그 참된 마음을 고이고이 간직하고 공경함으로써 창조의
바른 기운을 되살려낼 것을 당부한다.

> 슬프다 이내 신명身命 이리될 줄 알았으면 (슬프다, 이내 신명, 이리 될 줄 알았다면,)
> 윤산潤産은 고사하고 부모님께 받은 세업世業 (재산 불리기는커녕 부모님께 받은
> 세업)
> 근력기중勤力其中 하였으면 악의악식惡衣惡食 면치마는 (힘써서 했더라면 가난
> 한 생활은 면하겠지만,)
> 경륜經綸이나 있는 듯이 효박淆薄한 이 세상에 (포부와 계획이라도 있는 듯이 어지
> 럽고 각박한 이 세상에)
> 혼자 앉아 탄식하고 그럭저럭 하다가서 (혼자 앉아 탄식하고, 그럭저럭 지내다가)
> 탕패산업蕩敗産業 되었으니 원망도 쓸데없고 (살림마저 없앴으니, 원망도 쓸데없
> 고)
> 한탄도 쓸데없네 여필종부女必從夫 아닐런가 (한탄도 쓸데없네. '여필종부'라는 말
> 도 세상에는 있지 않소.)

부모가 물려준 세업(생업)에 힘썼다면 먹고 입고 사는 데 걱정이 없
었을 터였다. 그러나 어지러운 세상을 구하겠다고 나서서 제대로 먹

「교훈가」의 일부.

지도 못하고 입지도 못한 채 사업도 실패하여 한탄해도 쓸데없다는
내용이다.

그 말 저 말 다 던지고 차차차차 지내 보세 (그 말 저 말 다 그만두고 차차차차 지내봅
시다.)

천생만민天生萬民 하였으니 필수기직必授其職할 것이오 (한울님이 사람 내니 일
또한 주실 것이요.)

명내재천命乃在天 하였으니 죽을 염려 왜 있으며 (죽고 사는 것은 한울님께 달렸으
니 죽을 염려 왜 하며,)

한울님이 사람 낼 때 녹祿 없이는 아니 내네 (한울님이 사람 낼 때 살길 없이는 아니
내네.)

최제우는 온갖 시련 속에서도 섭리에 따라 행동하면 반드시 승리할 수 있다는 신념을 밝히면서 '한울님'의 계시를 받들라고 당부한다.

우습다 자네 사람 (참으로 우습다, 자네라는 사람은)

백천만사百千萬事 행할 때는 무슨 뜻을 그러하며 (온갖 일을 행할 때는 무슨 뜻으로 그리했으며,)

입산한 그 달부터 자호字號 이름 고칠 때는 (입산한 그 달부터 자호 이름 고친 것은)

무슨 뜻을 그러한고 소위 입춘立春 비는 말은 (무슨 뜻으로 그리했는가. 입춘에 비는 말이)

복록福祿은 아니 빌고 무슨 경륜經綸 포부抱負 있어 (복록은 빌지 않고 큰 경륜이나 포부가 있는 듯이,)

세간중인부동귀世間衆人不同歸라 의심 없이 지어내어 ('세간중인부동귀'라 자신 있게 지어내어)

완연히 붙여두니 세상 사람 구경할 때 (완연히 붙여두니, 사람들이 비웃으며 바라볼 때)

자네 마음 어떻던고 (자네 마음 어떻던고.)

최제우는 입산할 때부터 스스로 자기 이름을 "어리석은 세상 사람을 고치겠다"라는 뜻의 '제우'로 바꾸었다. 가사에 자신이 추구하고자 하는 높은 '제세구민'의 종교적 이상을 거듭 말한다.

그럭저럭 지내다가 통개중문洞開重門 하여 두고 (그럭저럭 지내다가 닫힌 문을 활짝 열고)

오는 사람 가르치니 불승감당不勝堪當 되었더라 (오는 사람 가르치니 감당하기 어려울 만큼 많구나.)

현인군자 모여들어 명명기덕明明其德 하여내니 (어진 사람 모여들어 한울님 덕 밝히고 밝혀내니)

성운성덕盛運盛德 분명하다 (운과 덕이 번성할 것이 분명하다.)

포교를 시작하면서 많은 사람이 몰려왔다. 그중에는 '현인군자'도 적지 않았다.

그 모르는 세상 사람 승기자勝己者 싫어할 줄 (이를 모르는 세상 사람 자기보다 나은 사람 싫어하여)

무근설화無根說話 지어내어 듣지 못한 그 말이며 (근거 없는 말을 지어내어, 듣지도 못한 그 말과)

보지 못한 그 소리를 어찌 그리 자아내서 (보지도 못한 그 소리를 어찌 그렇게 지어내서)

향鄕 안 설화說話 분분紛紛한고 슬프다 세상 사람 (온 마을에 헛말들이 어지럽게 떠도는가. 슬프다, 세상 사람.)

내 운수 좋자 하니 네 운수 가련할 줄 (내 운수 좋아지면 네 운수는 가련해진다고)

네가 어찌 알잔 말고 가련하다 경주향중慶州鄕中 (너는 어찌 그리 아는가. 가련하다, 경주마을.)

무인지경無人之境 분명하다 (사람다운 사람 없음이 분명하구나.)

사방에서 사람이 찾아왔는데, 개중에는 근거 없는 말을 만들어 중상모략하는 자들도 있었다. 특히 유교의 고장에서 유생들의 비난이 거세자 "경주향중이 무인지경"이라며 슬퍼한다.


## 4. 「권학가」에 담긴 의미

「권학가」는 최제우가 전라북도 남원읍 서쪽에 있는 교룡산성 안 은적암에 기거할 때, 1862년 새해를 맞아 제자들과 정회를 나눌 길이 없어 지은 가사이다. 모두가 동학을 믿으면서 동귀일체同歸一體할 것을 권유한다.

하원갑下元甲 경신년庚申年에 전해 오는 세상 말이 (하원갑 경신년에 전해 오는 세상 말이,)

요망한 서양적이 중국을 침범해서 (요망한 서양적이 중국을 침범해서)

천주당天主堂 높이 세워 거 소위所謂 하는 도道를 (천주당 높이 세워 이른바 도라고 하는 것을)

천하에 편만遍滿하니 가소절창可笑絶脹 아닐런가 (온 세상에 펴뜨린다' 하니, 우습기 짝이 없네.)

중전에 들은 말을 곰곰이 생각하니 (이전에 들은 말을 곰곰이 생각하니,)

아동방我東方 어린 사람 예의오륜禮義五倫 다 버리고 (우리나라의 어리석은 사람들이 예의도 오륜도 다 버리고)

남녀노소 아동주졸兒童走卒 성군취당成群聚黨 극성極盛 중에 (남녀노소 할 것 없이 모두가 무리지어 극성떨며)

허송세월 한단 말을 보는 듯이 들어오니 (허송세월 한단 말을 보는 듯이 듣게 되니,)

무단히 한울님께 주소晝宵 간 비는 말이 (무단히 한울님께 밤낮으로 비는 말이)

삼십삼천三十三天 옥경대玉京臺에 나 죽거든 가게 하소 ('하늘에 있는 천당에 나 죽거든 가게 하소.')

최제우는 서학을 믿는 사람들이 죽어서 옥경대(천당)에 가게 해달라고 빈다면서 천주와 한울님을 서로 같은 말이라고 인식한다.

우습다 저 사람은 저의 부모 죽은 후에 (우습다. 저 사람은 자기 부모 죽은 뒤에)

신神도 없다 이름 하고 제사祭祀조차 안 지내며 (신도 없다고 하면서 제사조차 안 지내고.)

오륜五倫에 벗어나서 유원속사唯願速死 무삼 일고 (오륜에 벗어나서 빨리 죽어 천당 가기만을 바란다니, 이 무슨 일인가.)

부모 없는 혼령 혼백 저는 어찌 유독 있어 (부모님의 혼령은 없다 하면서 저에게만 어찌 있어.)

상천上天하고 무엇하고 어린 소리 말아스라 (천당에 가겠다 하니 어리석은 소리는 하지 말아라.)

최제우는 당시 천주교가 조상 제사조차 지내지 않는다며 서학을 심하게 비판한다. 그러나 '천주'라는 용어는 그대로 쓴다.

최제우가 동학을 창도한 가장 큰 이유는 서학에 대항하고자 하는 의식이었다. 그래서 이름도 동학이라 지었다. 천주교는 1846년 7월 김대건 신부가 25살에 배교를 거부하고 처형되는 등 정부의 극심한 탄압에도 꾸준히 세를 키워가고 있었다.

## 5. 「도덕가」에서 말하고자 하는 것은

최제우는 1863년 7월 경주 지역의 순회 설법을 하면서 「도덕가」를 지었다. 조선왕조 후기에 더욱 심화된 계급주의와 오로지 주자학만 다루고 배우는 유생들의 풍토, 도참사상과 무교에 빠져 발복만을 바라는 세태에 도덕이 더욱 중요하다는 사실을 일깨우는 가사이다.

> 아我 동방東方 현인 달사達士 도덕군자 이름 하나 (우리나라의 현명하다는 사람들을 도덕군자라고 하지마는)
>
> 무지한 세상 사람 아는 바 천지라도 (무지한 세상 사람 아는 것이 아무리 많다 해도)
>
> 경외지심敬畏之心 없었으니 아는 것이 무엇이며 (한울님을 공경하고 두려워하는 마음이 없었으니 무엇을 안다고 하겠는가.)
>
> 천상에 상제님이 옥경대玉京臺에 계시다고 ('천상에 상제님이 옥경대에 계시다'고)
>
> 보는 듯이 말을 하니 음양이치 고사하고 (보는 듯이 말을 하니, 이치에 맞지 않는 것은 물론이고)
>
> 허무지설虛無之說 아닐런가 한漢 나라 무고사巫蠱事가 (얼마나 허무한 말인가. 한나라 때의 귀신을 위하는 풍습이)
>
> 아 동방 전해 와서 집집이 위한 것이 (우리나라 전해 와서 집집마다 위한 것이)
>
> 명색마다 귀신일세 이런 지각 구경하소 (온통 귀신의 이름뿐이로구나. 이런 지각 구경하소.)
>
> 천지 역시 귀신이오 귀신 역시 음양陰陽인 줄 (천지 역시 귀신이오, 귀신 역시 음양인 줄.)
>
> 이같이 몰랐으니 경전 살펴 무엇하며 (이같이 몰랐으니 경전은 살펴 무엇하며,)

도道와 덕德을 몰랐으니 현인 군자 어찌 알리 (도와 덕을 몰랐으니 현인 군자를 어찌 알리.)

## 6. 「몽중노소문답가」와 「도수사」의 상징성

최제우가 1861년에 쓴 「몽중노소문답가夢中老少問答歌」는 꿈속에서 노인과 소년이 묻고 답한다는 내용을 담은 작품이다. 자식이 없던 늙은 부부가 금강산에 들어가 산신께 빌어 마침내 옥동자를 얻는다. 이 아이는 난세를 한탄하고 천하를 주유하다가 고향에 돌아와 백가시서를 읽었다. 그러다가 다시 고향을 떠나 금강산 상상봉에 올라 쉬다가 꿈속에서 한 도사를 만나 크게 깨우침을 얻어 널리 세상을 구제한다는 내용이다. 이 가사는 최제우 자신이 득도하는 과정을 연상케 한다.

삼각산三角山 한양 도읍 사백 년 지낸 후에

하원갑下元甲 이 세상에 남녀 간 자식 없어

산제불공山祭佛供 하다가서 두 늙은이 마주앉아

탄식하고 하는 말이 우리도 이 세상에

명명明明한 천지 운수 남과 같이 타고 나서

기궁奇窮한 이내 팔자 일점혈육一點血肉 없단 말가

우리 사후死後 고사하고 득죄부모得罪父母 아닐런가

아서라 자고급금自古及今 공덕功德으로 자식 빌어

후사後嗣를 이은 사람 말로 듣고 눈으로 보니

우리도 이 세상에 공덕이나 닦아보세

「몽중노소문답가」의 일부.

탕진가산蕩盡家産하여 내어 일심정기一心精氣 다시 먹고

팔도 불전佛前 시주하고 지성至誠으로 산제山祭해서

백배百拜 축원 앙천仰天하며 주소 간晝宵間 비는 말이

지성감천至誠感天 아닐런가 공덕이나 닦아보세

한울님은 인간의 마음속 깊이까지 모두 알고 있는 전지全知하신 존재이니 무엇이든 숨겨서는 아니되며 전능함으로써 천지만물을 다스린다고 가르친다.

최제우는 득도한 이듬해 고향에서 제자들과 교인들을 가르치다가 유생들의 모함과 관의 압박으로 고향을 떠나게 된다. 「도수사道修詞」는 이때 최제우가 고향을 떠나면서 제자들에게 더욱 수도에 정진하기를 당부하는 내용을 담고 있다.

광대한 이 천지에 정처 없이 발정發程하니 (광대한 이 천지에 정처 없이 길을 떠나니)

울울鬱鬱한 이내 회포懷抱 부칠 곳 바이없어 (답답한 이내 회포 의지할 곳 전혀 없어,)

청려靑藜를 벗을 삼아 여창旅窓에 몸을 비겨 (지팡이를 벗을 삼아 여창에 몸을 맡겨)

전전반측輾轉反側 하다가서 홀연히 생각하니 (이리 뒤척 저리 뒤척 홀연히 생각하니,)

나도 또한 이 세상에 천은天恩이 망극하여 (나도 또한 이 세상에 천은이 망극하여)

만고 없는 무극대도 여몽여각如夢如覺 받아 내어 (만고 없는 무극대도 꿈인 듯 생시인 듯 받아내어,)

구미용담龜尾龍潭 좋은 풍경 안빈낙도安貧樂道 하다가서 (구미 용담 좋은 풍경 안빈낙도 하다가서)

불과 일 년 지낸 후에 원처근처遠處近處 어진 선비 (불과 일 년 지낸 후에, 이곳저곳 어진 선비)

풍운風雲같이 모아드니 낙중우락樂中又樂 아닐런가 (구름같이 모여드니, 즐겁고 또 즐겁지 아니한가.)

이내 좁은 소견으로 교법교도教法教道 하다가서 (나의 좁은 소견으로 도와 법을 가르치다가)

불과 일 년 지낸 후에 망창茫蒼한 이내 걸음 (불과 일 년 지낸 후에, 갑작스런 이내 걸음)

불일발정不日發程 하자 하니 각처의 모든 벗은 (급하게 길을 나서니, 각처의 모든 벗에게)

「도수사」의 일부.

편언척자片言隻字 바이없고 세세사정細細事情 못 미치니 (한 마디 말도 못 남기고 자세한 사정도 전하지 못하였구나.)

양협量狹한 이내 소견 수천리 밖에 앉아 (좁은 이내 소견으로 수천 리 밖에 앉아)

이제야 깨닫고서 말을 하며 글을 지어 (이제야 깨닫고서 말을 하며 글을 지어)

천 리 고향 전해주니 어질고 어진 벗은 (천 리 밖 고향에 전해주니, 어질고 어진 벗은)

매몰한 이내 사람 부디 부디 갈지 말고 (매정한 이 사람을 부디부디 허물하지 말고)

성경誠敬 이자二字 지켜 내어 차차차차 닦아 내면 (정성 공경 지켜 내어 차차차차 닦아내면,)

무극대도 아닐런가 시호시호時乎時乎 그때 오면 (무극대도 아닐런가. 때여, 때여, 그때가 오면)

도성입덕道成立德 아닐런가 (도성입덕 아닐런가.)

# 7. 포덕에 나서다

## 1. 포교 시작하자 구름같이 모여들어

최제우는 '신 체험'을 통해 득도를 하고도 1년 이상을 오로지 지극한 마음으로 기도하면서 한울님께 정성을 드렸다. 그리고 영성을 받아 동학 가사를 짓고 먼저 식구부터 포교를 시작했다. 그동안 식구들은 가장의 이상한 행동을 지켜보면서 크게 염려하고 불안한 마음을 가누기 어려웠을 것이다.

최제우는 19살에 박씨 부인과 결혼하고 슬하에 아들 둘과 딸 셋을 두었다. 아들의 출생일이 언제인지는 정확하지 않다. 집에는 가사를 돕는 처녀가 2명 있었다. 나중에 그중 한 사람은 양녀로 삼고, 다른 사람은 며느리로 들였다. 이 같은 모습에서도 최제우가 평등사상을 얼마나 중요하게 생각하는지 잘 엿볼 수 있다.

최제우는 1861년(신유년) 6월부터 세상에 나아가 포덕하기 시작했다. 식구에서부터 이웃으로, 그리고 사방으로 그 범위는 점차 확대되었다. 앞서 소개한 「수덕문」 등에도 나와 있지만, 최제우의 무극대도가 주위에 알려지면서 가까운 곳은 물론 먼 고장에서까지 사람들이 몰려왔다.

시대가 암울하고 백성들의 삶이 어려웠던 만큼 최제우의 동학은 입소문을 타고 널리 퍼져나갔다. 구원을 받고자 하는 사람이 그만큼 많았던 탓이다. 특히 그 시기에 어지러웠던 내외정세가 한몫했다. 전염병이 크게 돌아 서울에서 치르던 과거가 연기되고, 충청도와 함경도에 큰 홍수가 났으며, 서울 돈의문에 임금을 욕하는 벽서가 붙어 조정에서 한바탕 큰 소동이 벌어지기도 했다. 흉년이 겹친 데다 사방에서 도적 떼가 들끓고, 때마침 러시아 함대가 출몰하여 통상을 강요했다. 백성들의 위기의식이 심해질수록 동학에 기대려는 사람이 그만큼 많아졌다.

1920년대 후반까지 살아 있던 양녀 주 씨의 이야기를 들어보자.

신유년 포덕 당시에 찾아오는 사람들이 수운 선생께 예물로 곶감을 갖고 왔는데, 찾아오는 사람들이 얼마나 많은지, 용담정 부근에 버려진 곶감 꽂이만을 짊어지고 가도 인근 마을 사람들의 땔나무가 될 수 있었다고 한다.

그런가 하면 너무 많은 사람들이 찾아와서, 손님들 조석朝夕 준비에 수양딸과 부인 박 씨는 나날이 바쁘고 힘이 들었으며, 특히 날이 저물어 저 많은 사람들이 어디에서 다 잠을 자나 하고 아직 어렸던 수양딸은 혼자 걱정을 했다고 한다. 그러므로 용담으로 들어가는 작은 산길은 마치 장터마냥 늘 사람들로 북적였다.[1]

어느 시대나 사회를 막론하고 시국이 어렵고 생활이 팍팍할수록 사람들은 초자연적인 대상을 찾게 된다. 때마침 나타난 최제우와 동학에 사람들이 뜨거운 관심을 보인 것은 어찌 보면 당연한 결과이다. 그의 말을 들은 백성들은 이제까지 오로지 성리학의 법도만을 믿고 살아왔는데, 그것과 전혀 다른 진리에 놀라고 차츰 자신들의 생각을 깨우쳐갔다. 그리고 입소문은 날개를 달고 멀리까지 퍼졌다.

"용담이라는 곳에 이인異人이 나시었대" 또는 "용담 주인인 수운 최제우라는 분이 하늘로부터 도를 받았는데, 그 풍신風身 하며, 정말로 세상을 올바르게 구할 가르침을 펴고 계신대" 또 심지어는 "최제우라는 분이 바람도 부르고 비도 부르며, 풍운대수風雲大數를 마음대로 부린다고 하던데……" 하는 등의 소문이 퍼져서 만나는 사람마다 용담과 수운 선생의 이야기로 화제의 꽃을 피우곤 했다.

그러나 이러한 소문을 듣고 찾아온 사람들은 정작 수운 선생의 모습을 보고, 또 대화를 나눈 뒤에 진정 세상을 구할 도는 바람을 부르고 비를 부르는 도술과 같은 것이 아님을 깨닫게 되고, 진정 수운 선생의 가르침에 감복하여 입도했다고 한다.[2]

소문은 꼬리에 꼬리를 물고 풍문은 바람결을 타고 경주 일대를 거쳐 경상도 전역에, 그리고 이어서 전라도와 충청도, 강원도까지 퍼져나갔다. 거리가 가깝든 멀든 가리지 않고, 동학에 입도하고자 하는 사람들이 모여들었다. 이때의 정경을 최제우는 「도수사」에서 다음과 같이 이야기한다.

구미용담龜尾龍潭 좋은 풍경 안빈낙도安貧樂道 하다가서 (구미 용담 좋은 풍경 안빈낙도 하다가서)

불과 일 년 지낸 후에 원처근처遠處近處 어진 선비 (불과 일 년 지낸 후에, 이곳저곳 어진 선비)

풍운風雲같이 모아드니 낙중우락樂中又樂 아닐런가 (구름같이 모여드니, 즐겁고 또 즐겁지 아니한가.)

전통시대에는 종교처럼 파급력이 강한 분야도 찾기 어렵다. 게다가 평시가 아닌 난세에는 그 파급력이 더 크게 마련이다. 이 같은 현상은 동양과 서양이 다르지 않았다. 최제우라는 진인眞人이 출현했다는 소식은 남도지역 사람들에게 처음에는 화제의 대상이었다가, 차츰 구원자로 떠올랐다. 처음에는 그 당시 곳곳에서 나타나 풍수설과 도참설로 백성을 현혹하던 기인奇人의 한 사람쯤으로 여겼다. 그러나 최제우를 직접 만나본 사람들은 생각이 크게 달라졌다.

최제우는 불원천리를 마다하지 않고 찾아온 사람들에게 동학의 도道를 강론하고 주문 '21자'를 주어 외우게 했다. 내우외환, 안팎의 위기감에 불안해하던 백성과 식자들은 이제까지 듣도 보도 못한 가르침에 눈이 트이고 가슴이 열렸다. 그럴수록 동학의 세는 점점 더 커져갔다.

## 2. 기적이나 이적보다 신심으로 설득

동서양을 막론하고 모든 종교의 창도 과정에는 이적이나 기적이 나타난다. 불치병을 고치거나, 장님의 눈을 뜨게 하고, 고기 한 마리로 수백 명을 먹이는 등 일일이 열거하면 한도 끝도 없다. 과학적으로는 납득할 수 없는 일이지만 종교계는 이를 이적 또는 기적으로 믿는다. 종교에서 이적과 기적이 없었다면 그렇게 많은 신도가 따르고 큰 교단이 성립되기는 어려웠을 것이다.

초기 동학과 최제우 연구에 큰 업적을 남긴 이돈화는 수운을 학적<sup>學的</sup> 인물보다 순수 종교 인물로 분석한다.

선생의 천주사상은 학적<sup>學的</sup> 사색으로부터 나온 것은 아니요, 순수 종교적 계시에서 시작된 것이다. 선생은 종교적 천재인 동시에 학자적 소질도 없지 않았다. 그러므로 선생의 37세의 각도<sup>覺道</sup> 전 반생은 사색·명상·종교적 기도로 일관했다.

그리하여 천주 존재에 대한 사상은 어디까지나 의문 중이었다. 그러한 선생으로서 구경 37세 경신 4월 5일에 천주의 계시적 명교<sup>命敎</sup>를 받고 처음으로 돈오하여 철저한 대각의 지경에 이르렀다.[3]

그러나 최제우는 천 리 길도 마다하지 않고 찾아오는 사람들에게 이적이나 기적이 아닌 설교와 대화로 뜻을 나누었다. 「논학문」에 나와 있는 일문일답 몇 가지를 보면 다음과 같다.

"지금 천령이 선생님께 강림하였다 하니 어찌 된 일입니까."
"가고 돌아오지 아니함이 없는 이치를 받은 것이니라."
"그러면 무슨 도라고 이름합니까."

"천도이니라."

"양도와 다른 것이 없습니까."

"양학은 우리 도와 같은 듯하나 다름이 있고 비는 것 같으나 실지가 없느니라. 그러나 운인즉 하나요 도인즉 같으나 이치인즉 아니니라."

"어찌하여 그렇게 됩니까."

"우리 도는 무위이화라. 그 마음을 지키고 그 기운을 바르게 하고 한울님 성품을 거느리고 한울님의 가르침을 받으면 자연한 가운데 화해나는 것이요, 서양 사람은 말에 차례가 없고 글에 순서가 없으며 도무지 한울님을 위하는 단서가 없고 다만 제 몸만을 위하여 빌 따름이니라. 몸에는 기화지신이 없고 학에는 한울님의 가르침이 없으니 형식은 있으나 자취가 없고 생각하는 것 같지만 주문이 없는지라, 도는 허무한데 가깝고 학은 한울님 위하는 것이 아니니, 어찌 다름이 없다고 하겠는가."

"도가 같다고 말하면 서학이라고 이름합니까."

"그렇지 아니하다. 내가 또한 동에서 나서 동에서 받았으니 도는 비록 천도나 학인즉 동학이라. 하물며 땅이 동서로 나뉘었으니 서를 어찌 동이라 이르며 동을 어찌 서라고 이르겠는가. 공자는 노나라에 나시어 추나라에 도를 폈기 때문에 추로의 풍화가 이 세상에 전해온 것이거늘 우리 도는 이 땅에서 받아 이 땅에서 폈으니 어찌 가히 서라고 이름하겠는가."

"주문의 뜻은 무엇입니까."

"지극히 한울님을 위하는 글이므로 주문이라 이르는 것이니, 지금 글에도 있고 옛글에도 있느니라."

"한울님 마음이 곧 사람의 마음이라면 어찌하여 선악이 있습니까."

"그 사람의 귀천의 다름을 명하고 그 사람의 고락의 이치를 정했으나,

그러나 군자의 덕은 기운이 바르고 마음이 정해져 있으므로 천지와 더불어 그 덕에 합하고 소인의 덕은 기운이 바르지 못하고 마음이 옮기므로 천지와 더불어 그 명에 어기나니, 이것이 성쇠의 이치가 아니겠는가."

"온 세상 사람이 어찌하여 한울님을 공경치 아니합니까."

"죽음에 임하여 한울님을 부르는 것은 사람의 상정이라. 목숨이 한울에 있음과 한울이 만민을 내었다는 것은 옛 성인의 하신 말씀으로서 지금까지 미루어 오는 것이나 그런 것 같기도 하고 그렇지 않은 것 같기도 하여 자세한 것을 알지 못하기 때문이니라."

"도를 훼방하는 자는 어째서입니까."

"혹 그럴 수도 있느니라."

"어찌하여 그렇습니까."

"우리 도는 지금도 듣지 못하고 옛적에도 듣지 못하던 일이요, 지금도 비교하지 못하고 옛적에도 비교하지 못하는 법이라. 닦는 사람은 헛된 것 같지만 실지가 있고, 듣기만 하는 사람은 실지가 있는 것 같지만 헛된 것이니라."


## 3. 유생들의 시기와 비방

최제우의 포교활동이 넓어지고 찾는 사람이 많아지면서 긴장하고 경계하는 사람들이 나타나기 시작했다. 세상의 모든 종교에서 시기, 질투, 혐오, 비난, 배신, 밀고하는 사람이 생기듯이 동학의 주변도 다르지 않았다. 조선 땅에서는 관보다 먼저 유생들이 들고 나섰다. 하나의 종파가 이루어지는 듯하고 세력이 형성되는 듯하자 500년 동안 기득권을 누려온 유생들이 반발하고 저항하기 시작했다. 최제우는 「교훈가」에서 이런 사정을 들려준다.

그 모르는 세상 사람 승기자勝己者 싫어할 줄 (이를 모르는 세상 사람 자기보다 나은 사람 싫어하여)

무근설화無根說話 지어내어 듣지 못한 그 말이며 (근거 없는 말을 지어내어, 듣지 도 못한 그 말과)

보지 못한 그 소리를 어찌 그리 자아내서 (보지도 못한 그 소리를 어찌 그렇게 지어 내서)

향鄕 안 설화說話 분분紛紛하고 슬프다 세상 사람 (온 마을에 헛말들이 어지럽게 떠도는가. 슬프다, 세상 사람.)

내 운수 좋자 하니 네 운수 가련할 줄 (내 운수 좋아지면 네 운수는 가련해진다고)

네가 어찌 알잔 말고 가련하다 경주향중慶州鄕中 (너는 어찌 그리 아는가. 가련하 다, 경주마을.)

무인지경無人之境 분명하다 (사람다운 사람 없음이 분명하구나.)

동학은 명성과 비난이 정비례했다. 처음에는 일반 백성들이 많이 찾아오고, 이어서 유학을 공부한 선비들도 찾아와 동학에 깊이 심취했다. 또한 과거제의 문란으로 지방 유생들은 사실상 급제할 수 있는 길을 잃고 있어서 사회불만세력이 되었던 참이었다. 유생들은 백성들보다 여론 형성과 유포에 훨씬 강한 계층이다. 따라서 이들이 동학에 접근하는 것은 다른 기득권층 유생들에게는 훨씬 더한 증오와 배신감을 불러일으켰고, 심지어 동학과 이를 따르는 유생들을 적대시

하기에 이른다. 최제우의 「교훈가」에 당시 실상이 생생히 묘사되어
있다.

이내 문운門運 가련하다 알도 못한 흉언괴설凶言怪說 (우리 집안 운수 가련하다.
알지도 못하면서 흉하고 괴이한 말을)

남보다가 배나 하며 육친肉親이 무삼일고 (남들보다 배나 더하며, 가까운 친척들이
무슨 일로)

원수같이 대접하며 살부지수殺父之讐 있었던가 (원수같이 대하며, 부모 죽인 원한
이라도 있었던가)

어찌 그리 원수런고 은원恩怨 없이 지낸 사람 (어찌 그리 원수처럼 되었는가. 은혜도
원한도 없이 지낸 사람)

그중에 싸잡혀서 또 역시 원수 되니 (그중에 휩쓸려서 또 역시 원수가 되니.)

조걸위학助桀爲虐이 아닌가 (악행을 조장하는 일 아닌가.)


유생들은 시기와 비방을 멈추지 않았다. 심지어 동학을 '서학'으로
몰았다. 당시 서학은 한국에서 21세기 지금까지 낙인처럼 따라붙는
용공·좌경·종북의 딱지와 비슷한 악마적인 말이었다. 조선시대 '사
문난적'은 그나마 죽이는 일은 별로 없었으나 '서학', '천주쟁이'는 잡
히는 대로 참수되었다. 그런데 유생들 일부가 서학에 맞서 창도한 동
학을 서학이라 비방하는가 하면, 세간에는 최제우가 서학을 신봉한
다는 소리까지 나돌았다. 「안심가」의 한 대목을 들어보자.

요악妖惡한 고 인물이 (요악한 그 인물이)

할 말이 바이없어 (할 말이 그리도 없는지,)

서학西學이라 이름하고 (서학이라 이름하고)

온 동내 외는 말이 (온 동네에 떠들고 다니는 말이,)

사망념邪妄念 저 인물이 ("사악하고 요망한 저 인물이)

서학에나 싸잡힐까 (서학에 싸잡혔구나.")

그 모르는 세상 사람 (그것을 모르는 세상 사람)

그거로사 말이라고 (그것을 말이라고 듣고)

추켜들고 하는 말이 (추켜들고 하는 말이,)

용담龍潭에는 명인名人 나서 ("용담에는 명인 나서)

범도 되고 용도 되고 (범도 되고 용도 되고)

서학에는 용터라고 (서학에는 용하다")고

종종걸음 치는 말을 (여기저기 다니면서 쑥덕거리는 말을)

역력히 못할러라 (일일이 다 못 하겠구나.)


기득권 세력의 비방과 모함이 있거나 말거나 동학은 점차 하층 백성들에게 안식처이자 구원의 신앙으로 자리 잡았다. 여러 해가 지난 뒤의 일이지만, 황해도에 살던 청년 백범 김구도 동학에 입도하면서 자신이 입도하게 된 동기를 동학의 평등주의, 정치의 부패함 등 때문이라 밝혔다.


상놈된 한恨이 골수에 사무친 나로서는 동학의 평등주의가 더할 수 없이 고마웠고 또 이 씨의 운수가 진盡했으니 새 나라를 세운다는 말도 해주海州의 과거장에서 본 바와 같이 정치의 부패함에 실망한 나에게는 적절하

게 들리지 않을 수 없었다.[4]

과거에서 떨어지고 앞날이 막막했던 김구는 동학에 입도하면서 새로운 희망을 찾았다. 그리고 동학의 소년 접주가 되어 '역사의 길'에 들어선다.

동학에 입도한 나는 열심히 공부를 하는 동시에 포덕(전도)에 힘을 썼다. 아버지께서도 입도하셨다. 이때의 형편으로 말하면 양반은 동학에 오는 이가 적고 나와 같은 상놈들이 많이 모여들었다. 내가 입도한지 불과 수 월에 연비(포덕하여 얻은 신자)가 수백 명에 달했다. 이렇게 되어 내 이름이 널리 소문이 나서 도를 물으러 찾아오는 이도 있고 내게 대한 무근지설을 전파하는 사람도 있었다.[5]

# 8. 남원 은적암에서 6개월

## 1. 포교 중지 명령을 받다

조선왕조의 통치 이념은 성리학이었다. 지배층은 후기에 이르러 성리학을 더욱 교조적으로 신봉하면서 조금이라도 주자朱子와 의견이 다르면 사문난적斯文亂賊, 즉 "유교의 도를 어지럽히는 적"으로 몰았다. 불교는 물론 양명학이나 도교에 동조하거나, 주자의 학설에서 조금이라도 벗어나 경전을 해석하면 이단으로 취급되었다.

당대의 서학 윤휴尹鑴와 박세당朴世堂이 주자를 비판하고 공자와 맹자의 사상으로 돌아갈 것을 주장하다가 사문난적으로 몰려 혹독한 시련을 겪었다. 서세동점의 시기에 서학이 들어오면서 사문난적의 카테고리에는 천주교인들이 포함되었다.

이 같은 시기에 최제우의 '인시천' 사상과 후천개벽론은 어김없이 사문난적의 대상이 되었다. 여기에 남녀평등과 사민평등을 주창하는 설교 내용은 성리학적 논법으로는 도저히 용납할 수 없는 이단이었다. 아니 이단을 넘어 반역에 속했다.

최제우가 포덕을 시작한 지 3개월이 지나면서 주위의 음해가 시작되더니 날이 갈수록 심해갔다. 유생들은 물론 심지어 최씨 문중에서도 비난하는 사람이 생겼다. 집안 망신시키고 가문을 파멸시킨다는 욕설이 뒤따랐다. 그해 가을이 되면서 음해와 욕설은 더욱 심해졌다.

최제우는 마침내 용담정을 떠나기로 했다. 사방에서 많은 사람이 몰려오면서 11월에는 경주부사가 관인을 보내어 포덕을 중지하라고 엄명을 내렸다. 동학이 혹세무민하고 있다는 게 이유였다. 동학도들은 사문난적과 비슷한 형벌로 취급되었다. 더 이상 버티기가 쉽지 않았다. 최제우는 제자이면서 먼 친척인 최중희 한 사람만을 데리고 떠나기로 했다.

수운은 찾아오는 사람들을 상대로 포덕활동을 했으므로 관의 명령대로 포덕활동을 중지하려면 곧 용담을 떠나야 했다. 그러나 갑자기 어디로 가야 할지 당황했다. 여러모로 생각하던 수운은 11월(양 12월 초) 초순에 장기長鬐에 사는 제자 최중희崔仲羲(나중에 접주가 됨)를 대동하고 우선 집을 나서기로 했다. 이때 수운의 나이는 38세였다.

처음 찾은 곳은 울산이었다. 울산에는 서군효徐群孝(후에 접주가 됨)를 비롯한 여러 친구와 도인들이 있었다. 여기서 며칠간 지내다가 누이동생(남편, 김진구)이 있는 부산으로 갔다. 부산시 서구 서대신 3가 172번지 뒷산에 누이동생이 지은 산당山堂이 아직 남아 있다. 『사약산 산제당 약사』에 의하면 누이동생은 진양에서 살다가 1860년경에 부산으로 온 것이라 한다.[1]

최제우는 길을 떠날 때의 비통한 심경을 「교훈가」에서 다음과 같이 읊었다.

알도 못한 흉언괴설凶言怪說 (알지도 못하면서 흉하고 괴한 말을)

남보다가 배나 하며 육친肉親이 무삼일고 (남들보다 배나 더하며, 가까운 친척들이 무슨 일로)

원수같이 대접하며 살부지수殺父之讐 있었던가 (원수같이 대하며, 부모 죽인 원한이라도 있었던가)

어찌 그리 원수런고 (어찌 그리 원수처럼 되었는가.)

「도수사」에도 다음과 같이 당시의 심정을 적었다.

광대한 이 천지에 정처 없이 발정發程하니 (광대한 이 천지에 정처 없이 길을 떠나니)

울울鬱鬱한 이내 회포懷抱 부칠 곳 바이없어 (답답한 이내 회포 의지할 곳 전혀 없어.)

청려靑藜를 벗을 삼아 여창旅窓에 몸을 비겨 (지팡이를 벗을 삼아 여창에 몸을 맡겨)

최제우는 출가한 누이동생의 집에서 오래 머물 수 없었다. 그는 다시 길을 떠났다. "부산에서 배를 타고 오늘의 진해시에 속한 웅천이라는 마을에 가서 유숙하며 잠시 머물다가 다시 길을 떠나 성주를 지나며 충무공의 사당에 배알을 하고, 충무공의 보국정신을 다시 한번 마음에 새겨보기도 한다. 이어서 전라도 무주에서 잠시 머문 뒤에 다시 길을 떠나 남원 땅에 이르게 된다."[2]

그러나 이 기록과 관련해서 표영삼이 조사한 바에 따르면, '성주'에는 충무공 묘당이 없다고 한다. 충무사가 있는 전남 승주를 성주로 잘못 기록한 듯하다. 최제우는 전라도 남원으로 가기 위해 부산에서 배편으로 진해를 거쳐 고성으로 갔다가 여수에서 이순신 장군 사당인 충민사를 참배하고 승주와 구례를 지나 남원에 이르렀다.

## 2. 남원 은적암에서 경세의 꿈을 키우다

최제우가 고향을 떠나서 설교와 피신처로 남원을 고른 이유는 알 수 없다. 어떤 계시를 받았을 수도 있고, 공부하는 과정에서 얻게 된 지식 때문일 수도 있다. 어찌 되었건 남원으로 가는 길에 경남 의성 지방 김공단의 집에서 그의 외아들의 중병을 고쳐주고 "이 세상의 큰 병을 고치는 도를 행하라"라고 전도했다는 기록도 있다.

남원은 호남에서 제법 큰 고을이다. 물산이 풍부하고 예악이 뛰어나며, 산수도 아름다운 곳이다. 최제우는 이곳에 새로운 둥지를 틀게 된다.

서형칠의 집에서 잠시 머물다가, 서형칠의 생질되는 공창윤의 집으로 거처를 옮겨 열흘 가까이 머물며 수운 선생은 서형칠·공창윤·양형숙·양국삼·이경구·양득삼 등을 포덕한다. 남원에 도착한 지 10여 일이 지난 12월 그믐쯤 수운 선생은 이들의 안내를 받아 남원 교외의 교룡산성 안에 선국사라는 절을 찾아가, 그곳에서 산속으로 조금 떨어진 덕밀암德密庵이라는 작은 암자에 거처를 정하게 되었다. 그곳에 머물면서 수운 선생은

자신이 스스로 그곳에서 '자취를 감춘다'는 뜻의 '은적암隱跡庵'으로 그 이름을 바꾼다.[3]

최제우는 남원 은적암에서 지내면서 피신과 수행, 그리고 포교를 동시에 행했다. 또한 이 기간에 「도수사」와 「권학가」, 「논학문論學文」 등의 글을 지었다. 특히 뒷날 3세 교주 손병희가 동학의 교명을 천도교로 바꾼 것은 바로 「논학문」에 나오는 이 대목, 즉 "도는 비록 천도이지만 학인즉 동학이다" 때문이다. 그럼 「논학문」의 몇 대목을 살펴보자.

경신년 사월에 천하가 분란하고 민심이 효박하여 어찌할 바를 알지 못할 즈음에 또한 괴상하고 어긋나는 말이 있어 세간에 떠들썩하되, "서양사람은 도성입덕하여 그 조화에 미치어 일을 이루지 못함이 없고 무기로 침공함에 당할 사람이 없다 하니 중국이 소멸하면 어찌 가히 순망의 환이 없겠는가." "도무지 다른 연고가 아니라, 이 사람들은 도를 서도라 하고 학을 천주학이라 하고 교는 성교라 하니, 이것이 천시를 알고 천명을 받은 것이 아니겠는가." (중략)

내 또한 거의 한 해를 닦고 헤아려본즉, 또한 자연한 이치가 없지 아니하므로 한편으로 주문을 짓고 한편으로 강령의 법을 짓고 한편은 잊지 않는 글을 지으니, 절차와 도법이 오직 이십일 자로 될 따름이니라. (중략)

내가 또한 동에서 나서 동에서 받았으니 도는 비록 천도나 학인즉 동학이라 吾亦生於東受於東 道雖天道 學則東學.

교룡산성.

은적암이 있는 선국사는 남원시 동쪽의 교룡산성 안에 있는데, 전략적 요충지이기도 하지만 지형적으로도 대단히 풍광이 수려한 곳이다. 최제우는 이곳에서 한겨울을 보냈다.

산의 정상에 자리한 바위에 올라 마주 보이는 지리산을 바라보면 지리산의 웅장함이 마치 하늘에 매달린 듯 장엄하게 보여, 바라보는 사람들로 하여금 감탄을 자아내게 하기도 한다. 은적암은 바로 이 산 중턱에 자리하고 있어, 본사인 선국사와는 좀 떨어진 거리에 있던 작은 암자이다. 지금은 암자는 없어지고, 자리만 잡풀 속에 덮인 채 남아 있어 세월의 무상함을 말해 주고 있을 뿐이다.

이곳에 은거한 수운 선생은 아침저녁 수련에 임하거나 경전을 집필하는 시간 이외에는 산간의 이곳저곳을 다니며 명상으로 시간을 보낸다. 달이 뜨는 밤이면 능선에 올라 「처사가處士歌」를 부르기도 하고, "시호시호 이내 시호 부재래지不再來之 시호로다" 하는, 상원갑上元甲의 새로운 전기를 이룰 때가 왔음을 암시적으로 노래한 「검결」을 부르며, 목검을 잡고 검무를 추기도 하며, 수운 선생은 제세濟世를 위한 열망을 표현하고 아울러 심신을 단련시키기도 했던 것이다.[4]

최제우는 은적암에 머무는 동안 동학을 창도하는 한편 어지럽고 도탄에 빠진 세상을 구하려는 생각을 했던 것 같다. 당시 조정은 무능하고 부패했으며, 외세 침탈에는 속수무책인 채 관리들의 행패는 극에 달하고, 지방관에서는 동학을 혹세무민하는 집단으로 몰았다. 그는 깊은 산중에서 목검을 만들어 휘두르면서 7대조 할아버지 정무공 최진립 장군의 충혼과 호연지기를 기렸다. 그리고 광제창생의 길을 찾았다.


### 3. 매천 황현의 비판

은적암에 머물 때 최제우는 인근 지역을 돌면서 민심과 생활상을 두루 살피며 포덕했다. 그 결과 동학에 입도한 신도가 수십 명에 이르렀다. 다행히 관의 탄압이 아직 이곳까지는 미치지 않아서 활동하는 데 크게 지장은 없었다.

최제우는 남원에 있으면서도 경주 일대의 신도들이 늘 마음에 걸렸다. 아직 교세도 약할뿐더러 조직도 제대로 갖추어지지 않았기 때

최제우가 관의 탄압을 피해 은거했던 은적암 터.

문이다. 그래서 최제우는 자신도 남원에서 직접 포덕하는 와중에도 두고 온 경주 일대의 제자와 신도들에게 포덕하는 방법을 편지로 써서 보냈다. 남원에서 직접 지은 「권학가」와 「도수사」, 「논학문」도 함께 보내 널리 읽히고 포덕하도록 당부했다.

"포덕 2년 신유(1861년)에 대신사께서 포덕 차로 최희중 씨를 솔하시고 자自남원에서 본군(전주군)에 오시어 물태物態 풍속을 주람하신 후 포교를 위하시다"[5]라는 기록이 남아 있는 것으로 봐서, 최제우는 남원 일대뿐만 아니라 호남의 중심지인 전주 지방까지 다니며 포덕을 하고 인심과 세태를 살폈던 것으로 보인다.

최제우는 은밀하게 포교활동을 했으나 그의 이야기는 전남 구례에 은거해 있던 매천 황현의 귀에까지 들렸다. 황현은 유학자로서 생원시에 장원으로 합격했으나 조정의 부패와 타락에 환멸을 느낀 나머지 관직에 나아가지 않고 고향에 작은 서재를 마련해 공부에 열중하고 있었다. 그러나 그는 동학에는 대단히 비판적이었다.

최제우라는 자가 (중략) 유언비어를 퍼뜨리고 부적과 주문을 전했다. 그 학도 역시 하느님을 받들고 있는데, 서학과 구별하려고 동학이라 이름을 바꾸어 불렀다. 지례知禮와 김산金山=金陵과 호남의 진산珍山과 금산錦山의 산골짜기를 오가면서 양민을 속여 하늘에 제사지내고 계를 받게 했다.[6]

최제우가 남원 은적암에서 지내던 어느 날, 선국사의 노승 송월당松月堂이 찾아왔다. 노승은 최제우가 범상치 않은 인물임을 알아본 것이다. 이때 두 사람이 나눈 대화를 보면 노승이 최제우에게 얼마나 놀라고 감복했는지 잘 알 수 있다.

노승이 수운 선생에게 물었다.
"선생은 불도를 연구하십니까?"
수운 선생이 대답했다.
"나는 불도를 좋아하지요."
"그러면 왜 중이 되지 않으셨소?"
"중이 아니고서도 불도를 깨닫는 것이 더욱 좋지 않소?"
"그러면 유도를 하십니까?"
"나는 유도를 좋아하나 유생은 아니지요"
"그러면 선도를 좋아하십니까?"

"선도는 하지 않소마는 좋아는 하지요"

"그러면 무엇이란 말씀입니까? 아무것도 하는 것이 없이, 아무것이나 다 좋아한다 하오니 말을 알아들을 수 없구료."

"스님은 두 팔 중에 어느 팔을 배척하고 어느 팔을 사랑하십니까?"

그때야 노승은 뭔가를 깨달은 듯이,

"예, 알았습니다. 선생은 몸 전체를 사랑한다는 말씀이군요!"

하니, 수운 선생이 천천히 대답하기를,

"나는 오직 우주의 원리인 한울님의 도, 바로 그 천도天道를 좋아할 뿐이오."

하고 말을 마치니, 노승은 감복하여 한참 동안 말을 잊고 있었다.[7]


## 4. '사람으로 태어나 무슨 얻음이 있었나'

최제우는 은적암에서 1862년 여름까지 반년여 동안 머무는 동안에 적지 않은 시가를 짓고, 사람들을 만나고, 지방을 돌아보았다. 앞서 소개한 「논학문」 등 3편의 시가 말고도 「우음偶吟」, 「통유通諭」가 있다.

「우음」은 갑자기 떠오르는 생각을 시가 형식으로 기록하는 장르의 글이고, 「통유」는 각지의 조직원이나 관계자들에게 지어 보낸 편지 글에 속한다.

「우음」의 앞부분은 1862년 3월경에 지었고, 뒷부분은 여름철 지리산의 웅장한 모습을 지켜보면서 쓴 글이다. 이 글을 읽으면 최제우의 문장력이 얼마나 우수한지 잘 알 수 있다. 「우음」을 두 부분으로 나누어 소개한다.

「우음」.

남쪽 별이 둥글게 차고 북쪽 하수가 돌아오면, 대도가 한울같이 겁회를 벗으리라. 거울을 만리에 투영하니 눈동자 먼저 깨닫고, 달이 삼경에 솟으니 뜻이 홀연히 열리도다. 어떤 사람이 비를 얻어 능히 사람을 살릴 것인가, 온 세상이 바람을 좇아 임의로 오고가네. 겹겹이 쌓인 티끌 내가 씻어버리고자, 표연히 학을 타고 선대로 향하리라. 하늘 맑고 달 밝은 데 다른 뜻은 없고, 좋은 웃음 좋은 말은 예로부터 오는 풍속이라. 사람이 세상에 나서 무엇을 얻을 건가, 도를 묻는 오늘날에 주고받는 것이로다. 이치 있는 그 내용을 아직 못 깨달아, 뜻이 현문에 있으니 반드시 나 같으리. 한울이 백성을 내시고 도道 또한 내었으니, 각각 기상이 있음을 나는 알지 못했네. 폐부에 통했으니 어그러질 뜻이 없고, 크고 작은 일에 의심이 없네.

마상의 한식은 연고지가 아니요, 우리 집에 돌아가서 옛일을 벗하고 싶네. 의리와 신의여 또한 예의와 지혜로다, 무릇 나와 그대 한 모임을 지으리. 오는 사람 가는 사람 또 어느 때일까, 같이 앉아 한담하며 상재를 원할까. 세상 되어 오는 소식 또한 알지 못해서, 그런가 안 그런가 먼저 듣고 싶어 하네. 서산에 구름 걷히고 모든 벗 모이리니, 처변을 잘못하면 이름이 빼어나지 못하리라. 어떻게 이곳에 와서 서로 좋게 보는 거냐, 말하고 글 쓰는 것 뜻이 더욱 깊더라. 이 마음 들뜨지 말라 오래 이렇지 않으리니, 또 타향에서 좋은 벗을 보리로다. 사슴이 진나라 뜰을 잃었다니 우리가 어찌 그런 무리인가, 봉황이 주나라에서 우는 것을 너도 응당 알리라.

## 5. '제자와 신도들에게 소식 전하노라'

최제우는 남원에 오래 머물러 있을 처지가 아니었다. 그도 이 사실을 잘 알고 있었다. 언제까지나 신도들을 허허벌판에 내놓고 피신생활을 할 수는 없다고 생각했다. 그래서 자신이 경주를 떠나게 된 사유와 남원으로 오게 된 과정, 그리고 남원에도 소문을 듣고 찾아오는 사람이 많아서 곧 용담정으로 돌아갈 것이라는 내용 등을 담은 글을 써서 제자와 신도들에게 보낸다. 이 글이 「통유」이다. 그 내용을 보면 다음과 같다.

첫째는 통유한 일이 없었고 둘째는 그렇지 아니한 사단으로 셋째는 부득이 떠났다. 넷째는 정을 참을 수 없어 글을 쓰게 됐다. 천만번 깊이 헤아려 글 속의 하나라도 놓침이 없게 행함이 어떠하랴.

지난해 동짓달에 떠난 것은 본래 강상의 청풍이나, 산간의 명월과 더불어 노닐자는 것이 아니었다. 어긋난 세상의 도리를 살피고, 관의 지목하는 혐의로 말미암은 것이며 무극한 대도를 닦아서 포덕할 마음이 소중해서였다.

해가 바뀌고 달이 지나 다섯 달이 되었다. 들어올 때의 처음 뜻은 단지 이 산중에 있으면 구름 덮인 깊은 곳이라 찾아오는 이가 알지 못할 것이며, 동자는 약초 캐러 갔다고 가리키며 응대할 것이다.

(이 통유로 말하면) 하나는 수행하는데 마음이 풀리지 않도록 도와주려는 것이요 하나는 집안의 안부를 듣고자 함이다. 마음에는 근심을 잊고 지내려는 생각이 있었으나 오늘의 형편은 세 갈래 길에서 어사출두한 격이다.

세상에서 이름을 감추었지만 사람들이 내 마음을 알아주지 못하는 까닭일까. 당초에 처신을 잘 못한 까닭일까. 각처 여러 벗들이 혹은 일이 있어 찾아오기도 하지만 혹은 일없이 풍문에 따라 오는 이도 반이나 된다.

학學을 논하려고 머무는 이가 반인데 손님은 자기 하나만이라 알지만 주인으로서는 헤아릴 수 없이 모여드는 이들을 어찌해야 할까. 궁벽한 산중의 빈한한 골짜기에 손님을 대접할 수 있는 집은 합쳐봐야 불과 한두 세 집뿐이다.

집이 많다면 혹시 그렇지 않을 수도 있으며 산출이 넉넉하다면 움막에서라도 즐거움이 있을 것이다. 그러나 이러한 중에도 노인은 시로써 (떠나지 못하게) 감동을 주고 젊은이는 예로써 굳이 만류한다.

무슨 이유일까. 시로써 마음을 감동시키려 함은 도시 마음을 감동시키려는 것이 아니라 학을 권하도록 도와주려는 생각에서였다. 예로써 굳이 만류하는 것도 굳이 만류하자는 것이 아니라 남을 위한 정의情誼를 견디

「통유」의 일부.

기 어려워서였다.

주인인들 어찌 자공의 마음이 없었으련만 손님이 또한 맹상군의 예로 잘못 알고 받아들이니 어찌 한탄하지 않으랴. 어찌 애석하지 않으랴.

비록 배도裴度의 재물이 있어도 나로서는 나의 사태는 감당 못 하리라. 백결百結의 끼니 걱정을 하고 있어도 사람들은 역시 지켜야 할 인사를 망각하니 이 같음이 그치지 않는다면 끝내는 이로 말미암아 어떤 지경에 이를지 모른다.

그래서 머지않아 떠나려 하니 어찌 민망한 일이 아니랴. 지금은 장마철을 맞아 바람이 일고 비가 뿌려 길게 자란 풀은 옷을 적시니 (떠나기에는) 만족스럽지 못해 아쉽다. 결국은 어진 벗들을 멀리 바라보며 늘 마무리 못 한 상태에 있다.

그러므로 이에 몇 줄을 써서 위로하고 타이르려 하니 용서하고 양해함이 어떠하랴. 돌아갈 기일은 초겨울이 될 것 같으나 너무 고대하지 말고 수도에 지극하여 좋은 날 좋은 낮으로 대하기를 천만번 바라노라.[8]

# 9. 경주에서 본격 포교 나서

## 1. 용담으로 다시 돌아오다

해가 바뀐 1862년 7월 초, 최제우는 남원의 은적암을 떠나 경주로 돌아왔다. 「통유」에서 밝혔듯이, 당초에는 초겨울에 떠나오기로 했으나 일정을 많이 앞당겼다. 고향으로 돌아왔으나 최제우는 용담정의 집으로 가지 않고 경주 근교 건천면 조전리 백사길白士吉의 집에 머물렀다.

경주에 와 있다는 사실을 제자들은 물론 신도 누구에게도 알리지 않았다. 게다가 최제우는 이 사실을 알리지 못하도록 지시까지 내렸다. 그뿐만 아니라 자신이 여전히 남원에 머무는 것인 양 사람을 통해 제자들에게 「통유」를 보내기도 했다.

최제우가 예정을 훨씬 앞당겨 경주로 돌아온 것은 1862년 2월 경상도 진주에서 발생한 커다란 민란(농민봉기)과, 이에 자극받아 40여 일 동안 전국 72개 군현에서 일어난 민란, 이른바 임술민란 때문이다.

그는 이 기회를 활용했다. 민란이 이어지면 지방 관리들이 이를 진압하느라 동학에 손을 쓸 여력이 없을 것이라 내다본 것이다.

최제우는 얼마 후 백사길의 집 근처인 건천면 도리마을 박대여朴大汝의 집으로 거처를 옮겼다. 이 사실도 아무에게도 알리지 않았다. 관의 추적을 피하기 위해서였다. 남원 은적암까지 신도들이 몰려온다는 사실을 관에서 모를 리 없다고 판단한 것이다. 박대여의 집에 머물면서 「수덕문」과 「몽중노소문답가」를 지었다.

건천면 도리마을의 산자락에는 최제우의 할아버지와 할머니, 아버지와 어머니의 묘소가 있고, 그 인근에 최씨 집안의 선산이 자리하고 있어서, 오래전부터 이곳에 사는 박대여와는 친밀하게 지내던 사이였다. 어떤 이야기에 따르면 최제우에게 부인 박 씨를 중매한 이가 박대여라고 하는데, 이를 확인할 길은 없다. 최제우는 쫓기는 신분이어서 가장 믿을 만한 사람에게 몸을 의탁했을 것이고, 백사길이나 박대여는 신도가 아니면 처가 쪽 집안이었을 것이다.

최제우는 어떤 예감이 들어서였는지, 이때부터 제자들에게 본격적으로 포교할 것을 지시했다. 관의 탄압을 피하기 어려울 것으로 내다보고 대처한 것일 터이다.


8월에 이르러 수운은 측근들에게 포덕에 나서라고 권유했다. 제자들에게 포덕하라고 지시한 것은 이번이 처음이다. 이로부터 많은 포덕이 일어났으며 특히 최경상崔慶翔의 뛰어난 활동이 돋보였다. 수운의 측근에는 경주읍의 최자원崔自源, 최병철崔秉哲과 경주 북산중北山中(신광면 마북동) 최경상이 수제자 격으로 활동하고 있었다.

최자원은 경주 남문 밖에서 큰 약종상을 경영하며 넉넉한 생활을 했다. 이에 비하면 최경상은 검등골 화전민 마을에서 가난하게 살았다. 그러나 최경상은 대인관계가 남달라 사람을 끌어당기는 힘이 있었다.[1]

최제우가 제자들에게 포덕을 지시할 때 그의 주변에는 적지 않은 제자들이 포진하고 있었다. 그 가운데 한 사람이 앞에서 언급된 최경상이다. 최경상은 나중에 2세 동학 교주가 된 해월海月 최시형崔時亨이다. 최시형이 있었기에 동학은 교조 최제우가 처형되는 혹독한 탄압을 받으면서도 『용담유사』와 『동경대전』 등 동학경전이 간행되고, 동학이 종교로서 굳건하게 자리 잡을 수 있었다. 최제우에게 최시형은 공자의 제자 안연, 소크라테스의 제자 플라톤, 예수의 제자 베드로 등과 같은 존재라고 할 수 있다. 그러나 훗날 최시형도 체포되고 서울에서 순도했다.

35살이던 최경상은 1861년 6월에 경주 용담에서 최제우에게서 직접 도를 받았다. 이후 여러 달 동안 지극정성으로 주문을 외우고 수도를 했다. 『해월선생문집』에 그의 수행과정이 잘 나타나 있다.

8월 초열흘흘경에 (중략) 산업을 돌보지 않고 문밖에 나가지도 않으며 밤낮없이 지성으로 주문을 외우기를 3~4개월이 지났다. (중략) 남들은 독공篤工할 적마다 한울님 말씀을 들었다고 하는데, 지금 나에게는 아무런 동정이 없으니 이는 곧 나의 정성이 부족한 탓이라 생각했다. 때는 마침 한겨울이었다. 밤이 깊어 조용해지자 문 밖 물가에 나가서 얼음을 깨고 매일 밤 여러 차례 목욕을 하는 일을 두 달이나 계속했다. (중략) 또 열흘이 지날

즈음, 공중에서 "찬물에 갑자기 들어가 앉는 것은 몸에 해롭다"는 말이 들려왔다. 이내 얼음물에서 목욕하는 것을 중지했다.[2]


## 2. 백성들의 지지, 선비들도 몰려온 배경

박대여의 집에 최제우가 머물고 제자들이 적극적으로 포교에 나서면서 전국 각지에서 수많은 사람이 이곳을 찾아왔다. 그중에는 유학의 선비들도 적지 않았다. 선비들은 동학의 본질에 관해 물었는데, 질문 내용은 상당히 다양했다.

1. 천령이 강림했다는데 어찌하여 그렇게 되었습니까?
2. 도의 이름을 무엇이라 합니까?
3. 양도(서도)와 다름이 없습니까?
4. 양도와 다른 것은 어찌하여 그렇습니까?
5. 도가 같다고 말씀하신다면 그 이름을 서학이라 합니까?
6. 주문의 뜻은 무엇입니까?
7. 천심이 인심과 같다면 어찌하여 사람의 마음에 선악이 있습니까?
8. 온 세상 사람들이 어찌하여 하느님을 공정하지 않습니까?
9. 도를 훼방하는 사람은 무슨 까닭입니까?
10. 도를 훼방하는 자 있을 수 있다고 하시는데 어찌하여 있을 수 있습니까?
11. 중도에 (도를 버리고) 다른 데로 가는 사람은 무엇 때문입니까?
12. (중도에서 돌아가는 사람은) 어찌하여 족히 거론할 것이 못 된다고 하십니

까?

13. 입도할 때의 마음은 무엇이고 돌아설 때의 마음은 무엇입니까?

14. 어찌하여 (저들에게도) 강령이 됩니까?

15. 이런 사람은 해도 덕도 없습니까?[3]


선비들의 이 같은 당찬 질문에 최제우 곁에 있던 최시형이 답변에 나섰다. 그는 오랜 수행 끝에 스승의 무극대도의 강림과 동학사상을 이미 체득하고 있었기 때문이다.

먼저, '천령'이 수운에게 강림한 것은 무왕불복無往不復의 자연스러운 하늘의 법칙에 의하여 이루어졌으며, 도의 이름은 천도라 했다. 또한 서도와 동학이 도道는 같으나 이理는 달라서, 서학은 비는 것 같되 실이 없고, 말에 차제次第가 없고, 글에 호백이 없고, 한울님을 위하지 않으며, 자신을 위하여 빌고, 몸에 기화의 신이 없고, 배움에 천주의 가르침이 없고, 형상은 있으되 자취가 없고, 생각하는 것 같은데 주문이 없으며, 도는 허무에 가깝고, 배우는 것이 천주가 아니라 했다. 그러나 동학은 무위이화無爲而化로 그 마음을 지키고 그 기를 바르게 하며, 그 성품에 좇아 그 가르침을 받아 조화가 자연 가운데에 생긴다고 했다. 동학은 무위이화로 이루어지는 데 반하여 서학은 제 몸만 위하고 한울님을 제대로 위하지 않는다는 것이다.[4]

최제우와 제자들이 포교활동을 벌이자 동학은 하루가 다르게 믿는 사람이 늘었다. 많은 사람이 동학을 알고자 경주로 찾아왔다. 천년의 고도라고는 하지만 고려·조선 왕조 1,000여 년 동안 잊혔던 경주는 동학의 열풍으로 사람이 몰리고 장사꾼들이 뒤를 이었다. 다행인 것은 각지에서 일어난 민란으로 관청의 시선이 그쪽으로 집중되면서 최제우는 안전했다.

그럼 비교적 짧은 기간에 최제우가 백성들 사이에 구원의 메시아 또는 진인眞人처럼 떠오르게 된 배경은 무엇일까. "최제우가 민중을 휘어잡을 수 있었던 원인은 ① 민중의 전통적 지지 기반인 토착 신앙과 주술을 메시지화한 점, ② 민중의 정신적 공동을 포착하고 체계화한 토착신앙을 그 자리에 메워 넣은 점, ③ 원초적이고 잠재적인 외국 세력에 대한 혐오감을 공격 지향의 배외排外감정으로 상승케 하는 메시지를 발한 점을 들 수 있겠다."[5]

최제우가 일반 백성은 물론 유학자 등 지식인을 끌어모으고 지지를 받을 수 있었던 데는 정확한 현실진단과, 이에 대한 "사람이 곧 한울이다"라는 평등한 인격가치 등 대안 제시에도 원인이 있을 것이다. 「도덕가」에서 진단한 현실은 이렇다.

몰몰沒沒한 지각자知覺者는 (몰지각한 사람들은)

옹총망총 하는 말이 지금은 노천老天이라 (생각 없이 하는 말이, '지금은 노천이라')

영험도사 없거니와 몹쓸 사람 부귀하고 (영험도 없거니와, 몹쓸 사람 부귀하고)

어진 사람 궁박타고 하는 말이 이뿐이오 (어진 사람 궁박하다' 하는 말이 이뿐이오,)

약간 어찌 수신修身하면 지벌地閥 보고 가세家勢 보아 (공부 좀 했다 하면 지벌 보고 가세 보아)

추세趨勢해서 하는 말이 아무는 지벌도 좋거니와 (세태에 좇아 하는 말이 '아무는 지벌도 좋거니와)

문필이 유여裕餘하니 도덕군자 분명타고 (문필도 그만하니 도덕군자 분명하다'고)

모몰염치冒沒廉恥 추존推尊하니 우습다 저 사람은 (염치도 없이 떠받드는구나. 우습다, 저 사람은)

지벌이 무엇이게 군자를 비유하며 (지벌이 무엇이게 군자를 비유하는 기준으로 삼으며,)

문필이 무엇이게 도덕을 의논하노 (문필이 무엇이게 도덕을 논하는 기준으로 삼는가.)

(중략)

요순지세堯舜之世에도 도척盜跖이 있었거든 (요순의 시대에도 도척 같은 사람이 있었거든,)

하물며 이 세상에 악인惡人 음해陰害 없단 말가 (하물며 이 세상에 악인들의 음해가 왜 없겠는가.)

공자지세孔子之世에도 환퇴桓魋가 있었으니 (공자가 도를 펼 때에도 환퇴 같은 사람이 있었으니,)

우리 역시 이 세상에 악인지설惡人之說 피할소냐 (우리 역시 이 세상에 악인들의 음해를 피할 수 있겠는가.)


## 3. 한글 쓰기의 선구자

최제우는 소외된 서민 출신이다. 아버지가 몰락한 양반이고, 지식계급이었으나 생활의 터전은 이웃 농민들과 다름없는 궁색한 서민이었다. 그래서 그들과 어울리고 그들과 같은 생각을 하고 같은 말을 했다. 이는 득도 이후에도 달라지지 않았다. 최제우는 경전이나 많은 시가도 쉬운 한글로 지었다. 그는 조선시대 허균과 김만중 이후 한글

쓰기의 선구자에 속한다. 이는 매우 의미 있는 대목이지만 최제우와 동학 연구에서는 이를 소홀히 다루고 있다.

최제우보다 반세기 전에 활동한 연암 박지원(1737~1805)이 "지금 조선의 시를 쓰라"라고 설파했으나 조선 후기의 식자들과 관청은 여전히 백성들과는 거리가 있는 한문투성이의 글을 쓰고 공문서를 만들었다.

조선은 산천이며 기후가 중국 지역과 다르고, 그 언어나 풍속도 한나라, 당나라 시대와 다르다. 그런데도 글 짓는 법을 중국에서 본뜨고 문체를 한나라, 당나라에서 답습한다면, 나는 그 글 짓는 법이 고상하면 할수록 내용이 실로 비루해지고, 그 문체가 비슷하면 할수록 표현이 더욱 거짓이 됨을 볼 따름이다.

우리나라가 비록 천하의 동쪽 구석에 자리 잡고 있으나, 천승지국千乘之國에 속한다. 신라와 고려시대 이래로 비록 검박儉薄하긴 했어도 민간에 아름다운 풍속이 많았다. 따라서 우리말을 한자로 적고 우리 민요를 한시로 표현하기만 하면, 저절로 문장이 이루어지고 그 속에 오묘한 이치가 드러나게 될 것이다. 답습을 일삼지 않고 남의 것을 빌려오지도 않으며, 차분히 현재에 임하고 눈앞의 삼라만상과 마주 대하니, 오직 무관의 이 시들이 바로 그러하다.[6]

조선 후기의 여느 식자들과 달리 최제우는 조선의 글자로 쓰고 말했다. 그래서 남녀노소 막론하고 일반 백성들도 손쉽게 경전을 읽고 설법을 들을 수 있었다. 이는 짧은 기간에 동학이 대중화에 성공할 수 있었던 배경 중 하나이다.

최제우는 자신의 정신적인 고뇌를 대중과 함께하고, 시대와의 갈등을 대중과 더불어 풀고자 했다. "수운의 생애는 개인의 갈등에서 출발해서 대중의 갈등을 자기 몸에 지니고 그래서 대중의 갈등을 해소하고자 노력한 결과 자기 자신의 갈등도 해소할 수 있었다는 교훈을 우리에게 보여주고 있다."[7]

최제우가 동학을 세운 목적은 병든 사회를 구하자는 것이었다. 그러나 이는 결코 쉬운 일이 아니었다. 정치권력이 없는 위치에서는 백성들의 정신을 깨우치는 일이 무엇보다 시급한 과제였다. 그래서 최제우는 설법할 때에는 이해하기 쉬운 말로 하고, 시가도 교도들이 이해하기 쉽게 한글로 썼다. 당시 사람들 사이에서는 풍수지리설에 기초한 정감록 신앙이 널리 퍼지고, 갖은 탄압에도 천주교 신앙이 사회 저변으로 확대되고 있었다. 특히 천주교 측에서 성경을 쉽게 풀이해 농어촌의 여성들까지 천주교인이 되고 있었다. 여기에 맞서 동학의 역동적인 평민주의 사상은 백성들의 기대를 모으기에 모자라지 않았다. '서학'과 대비되면서 백성들의 마음을 사로잡았다.


## 4. 접·포제의 실시

1862년 12월 26일(음), 최제우는 교도의 숫자가 크게 늘어나자 조직을 정비했다. 접제接制를 공식화하고, 접주接主를 처음으로 임명하면서 동학은 교단 조직의 틀을 갖추게 되었다. 다음에서 대신사는 최제우를 말한다.

대신사가 1861년 6월부터 포교하자 전도인傳道人과 수도인受道人의 인맥에 의한 연원조직이 자연스럽게 생겨났다. 여러 군현에 여러 개의 연원이 형성되어 활동했다. 같은 계통의 연원에 속하는 도인들을 대소사가 생기면 서로 도와주기도 하고 수도와 교리에 대한 의견을 나누기도 했다.

시간이 지나면서 위계질서도 이루어졌고 대표자도 나타나게 되었다. 언제부터인가 이 연원조직을 접接이라 호칭하게 됐고, 대표자의 성을 따서 아무개 접이라 부르게 되었다. 접이라는 호칭은 이처럼 자연발생적으로 생겨났다. 이는 연원의 접중接中 또는 접내接內라는 말에서 비롯된 것 같다.[8]

최제우는 이 해 세모에 이르러 각 지역의 접주를 임명했다. 경주부서慶州府西는 백사길·강원보, 영덕은 오명철, 영해는 박하선, 대구·청도·경기도 일대는 김주서, 청하는 이민순, 영일은 김이서, 안동은 이무중, 단양은 민사엽, 영양은 황재민, 영천은 김선달, 신령은 하치욱, 고성은 성한서, 울산은 서군효, 경주본부는 이내겸, 장기는 최중희로 정했다.[9]

동학은 짧은 기간에 직제를 만들고 책임자를 임명함으로써 조직다운 조직을 갖추게 되었다. 1894년 동학혁명이 벌어질 때 접제와 포제의 역할이 컸다. 일반에게 많이 알려진 동학 접주에는 17살에 황해도 접주가 된 백범 김구가 있다. 김구는 최시형 교주 때에 접주로 임명되었다.

접 대표자(연원 대표자)를 접주라 한 것은 무엇 때문일까? 보부상 조직에는 대표자 격인 접장接長이 있다. 그리고 유도儒道에서는 모임에 앞장서는 설두設頭를 접장이라 한다. 대신사는 보부상이나 유도의 접장과 차별을 두기 위해 주主 자를 택해 접주接主라 한 것 같다. 그리고 접接 자를 쓴 데는 전도인과 수도인을 연속시킨다는 뜻도 고려되었을 듯싶다. 주主 자는 장長 자와 같은 뜻이며 임금이나 어른에게 주主 자를 쓴다. 어감상 장長보다는 주主라는 것이 격에 맞는다고 생각했던 것은 아닐까 싶다. 훗날 신사를 도주道主라 호칭한 것도 이런 뜻이 담겨져 있는 것 같다.[10]

동학의 조직은 접接과 포包로 확대되었다. 포란 확대된 지방조직을 일컫는다. "포주包主를 접주라 함은 포가 접으로부터 발달한 것을 의미하는 동시에 접은 교화적敎化的인 것이며 포는 교정적敎政的인 것"[11]이다. 같은 지방조직이라도 접은 신도들의 교육과 전도 쪽에, 포는 조직운영과 신도 확장 부분을 맡았던 것 같다.

접·포는 불교의 승가僧伽나 천주교의 주교단과 같은 성직자 집단이 아니다. 그렇다고 원시 유태교의 생활공동체적인 교회도 아니다. 접포조직은 신념을 같이하는 구성원의 공동체인 동시에 자신의 신념체계를 사회화시키는 역할을 담당하는 단위조직이기도 하다. 동학이 사회운동을 벌일 때 언제나 접·포가 일어나 운동을 전개했던 것이다.[12]

동학의 접·포 조직은 교인이 100명 미만인 곳은 접이고, 100명 이상인 지역은 포로 정했다. 초기에 접은 30호戶에서 50호 정도이던 것이 동학혁명 때에는 70호로 늘어났다. 동학에서는 교인의 숫자를 사람이 아니라 호戶를 단위로 삼았다.

최제우는 동학의 기간조직인 포·접제를 시작하면서 「결訣」이라는 글을 남겼다.

도를 묻는 오늘에 무엇을 알 것인가, 뜻이 신원 계해년에 있더라

공 이룬 얼마 만에 또 때를 만드나니, 늦다고 한하지 말라 그렇게 되는 것을

때는 그때가 있으니 한한들 무엇하리, 새 아침에 운을 불러 좋은 바람 기다리라

지난해 서북에서 영우靈友가 찾더니, 뒤에야 알았노라 우리 집 이날 기약을

봄 오는 소식을 응당히 알 수 있나니, 지상신선의 소식이 가까와 오네

## 5. 수도의 기본이 되는 「수덕문」

최제우는 박대여의 집에 머물며 집·포제를 통해 교단의 조직을 탄탄히 하는 한편, 제자들에게 수도의 기본을 잊지 않도록 강조했다. 이를 위해 「수덕문」을 지어 수도의 기본으로 삼도록 했다. 「수덕문」의 일부 내용을 보면 다음과 같다.

만물을 낳고 키우고 이루고 거두는 것元亨利貞이 자연의 변함없는 법칙이고, 오로지 진실하여 치우침이 없는 지선至善을 실행하는 것惟一執中이 인간사회의 참된 윤리다.

그러므로 이 자연과 인간사회의 이법理法을 나면서부터 아는 것이 저 공자孔子의 거룩한 재질才質이다. 이것을 배워서 아는 것이 과거의 선비들이 서로 전하여온 배움의 길이다.

비록 힘들여 겨우 얻게 되는 견식이 천박한 사람이라도 모두 옛 어진 스승들의 높은 덕에 따르고 옛 어진 임금들의 예법을 어기지 않았다.

내가 받은 도를 닦고 잘 익혀보니 그것은 자연스러운 도리다. 공자孔子의 도를 깨닫고보니 내 도와 같은 이치로 되어 있다. 나만이 받은 도에 대해 그 특성을 말한다면 공자의 도와 대체로 같으나 조금은 다르다.

그 의심하고 괴이쩍게 여기는 마음을 버리고 보면 사리事理에 맞는 떳떳한 이법임을 알게 되고, 고금의 역사를 거울삼아 본다면 사람이 마땅히 해야 하는 도리임을 알게 된다.

나는 아직 내 도를 세상에 피려는 마음을 먹지 않고 다만 내 도에 대한 성심誠心을 다하려고만 생각하고 있다.

그러나 그럭저럭 미루어 오다가 다시 1861년辛酉을 맞이했다. 때로 말하면 유六월이고 철은 여름이 되었다. 좋은 벗들이 찾아와 방 안에 가득 차게 되었으므로 먼저 도를 닦는 법을 마련했다. 어진 선비들이 나에게 도를 물으며, 또 세상에 도를 펴도록 권했다. 가슴에는 영생永生하는 약藥을 간직하고 있는데, 그 모양은 〈궁弓〉과 〈을乙〉을 이어 놓은 것 같고 입으로는 장생하는 주문을 외고 있는데 그 글자는 스물한 자다.

인仁·의義·예禮·지智는 옛 성인이 가르친 덕목이고, 수심·정기는 내가 비로소 새로 마련한 덕목이다.

입교할 때에 누구나 한번 제사를 드리는 것은 한울님을 길이 모실 것을 엄중히 맹세하는 것이고, 온갖 의혹을 헐어 없애는 것은 지성至誠을 지켜

나가기 위해서다.

옷차림이 바르고 단정한 것은 군자君子의 몸가짐이고, 길에서 음식을 먹거나 뒷짐지는 것은 천한 사람이 하는 짓이다.

교인의 집에서는 나쁜 짐승의 고기를 먹지 않는다. 찬 샘 속에 갑자기 들어앉는 것은 건전한 몸을 해친다. 유부녀를 범하지 못하게 하는 것은 국가의 법전에서도 금지하는 바와 같다.

누워서 높은 소리로 주문을 함부로 외는 것은 우리 도를 매우 등한히 여기는 짓이다.

이와 같이 선포하여 밝히니 교인은 이것을 수도의 규범으로 삼으라!

무릇 우리 교에서는 마음으로 굳게 믿어 변함이 없는 것을 정성이라고 한다. 믿을 신信 자를 풀어보면 사람 인人과 말씀 언言으로 되어 있다. 사람의 말 가운데서 옳고 그른 것을 가려내서 옳은 것을 받아들이고 그른 것을 버린 다음 다시 생각해보고 비로소 마음으로 결정해야 한다. 이렇게 결정한 뒤에는 다른 말을 믿지 않는 것이 바로 믿음信이다.

이렇게 마음을 다지고 다지면 그 정성이 지극하게 된다. 원래 정성[誠]과 믿음信은 그 이치가 그다지 멀지 않다. 그 두 글자는 사람 인 말씀 언言 및 이룰 성成이 정성 성誠 자로 된다.

나는 지금 이 글로써 알기 쉽게 가르치고 있다. 이 글은 어찌 믿을 만한 말이 아니냐. 그러므로 여러분은 공경과 정성을 다함으로써 지금 가르치는 이 말을 어기지 말라.[13]

## 6. 후계자로 떠오른 최시형

최제우는 포접제를 실시해 동학교단을 확고하게 조직하는 한편 후계체제를 서둘렀다. 머지않아 자신의 신변에 불상사가 닥치리란 예감이 들었던 것일까. 다만 그는 아직 39살로, 한창나이였다.

최시형(초명 최경상)이 최제우를 처음 만난 과정은 다소 신비에 가깝다. 1861년 6월에 입도한 최시형은 동학을 가르쳐주던 스승(최제우)이 어느 날 갑자기 사라진 사실을 알고 여기저기 헤매다가 어느 날 갑자기 최제우가 은신하고 있던 박대여의 집에 나타났다. 이날 스승과 제자가 나눈 대화를 들어보자.

뜻밖으로 3월(壬戌 3월)에 최경상이 느닷없이 찾아왔다. 선생은 "그대는 혹시 들어서 알고 찾아왔는가?"라고 물었다. 경상은 "제가 어찌 알 수 있겠습니까? 스스로 오고 싶은 마음이 있었기 때문에 왔습니다"라고 대답했다.

선생은 웃으면서 "그대가 참으로 그러해서 왔는가?"라고 했다. 이에 "그러합니다"라고 대답하면서 경상은 "제가 그동안 공부한 것이 그렇게 알차지 못합니다. 그러나 이와 같은 이상한 일이 있었는데 어찌하여 그렇게 됩니까?"라고 물었다.

그러자 선생은 "우선 말하여 보라"고 했다. 경상이 꿇어앉아서 "기름 반 종지로 21일 동안 밤새움했습니다. 그렇게 되는 까닭이 무엇입니까"라고 말했다.

선생은 "이것은 놀라운 힘(조화)에 대한 훌륭한 체험이다. 그대는 마음

속으로 기뻐하고 스스로 자랑스럽게 여겨라”라고 했다. 경상은 또 “이제
부터 제가 포교를 하여도 됩니까?”라고 물었다. 선생은 “포교를 하여라”
라고 했다.[14]

대화 중에 ‘기름 반 종지’ 부분을 좀 더 설명하면 이렇다.

이듬해인 임술(1862) 정월이었다. 이미 여러 달 동안 밤이 새도록 등불을
켰기 때문에 기름이 반 종지만 남아 있었다. 그런데 21일 동안이나 밤새
움을 했는데도 기름이 닳지 않았다. 이 무렵에 영덕 사람 이경중李敬中이
기름 한 병을 가져왔다. 바로 이날 저녁에 불을 켤 때 보니 기름이 이미 다
해 말라 있었다.[15]

최제우는 최시형의 신앙심과 열성을 높이 샀다. 그리고 최시형의
행동거지를 지켜보면서 더욱 믿게 되었다. 접주를 임명할 때에도 그
는 제외되었다. 더 큰 역할을 맡기기 위한 배려였을 것이다. 어느 집
단을 막론하고 후계체제는 가장 민감하고 폭발력이 강한 문제에 속
한다. 경쟁자가 있기 때문이다. 후계자를 제대로 고르면 그 집단은
번창하지만 잘못 고르면 몰락한다. 종교계라고 다르지 않다.

동학이 엄청난 박해를 받으면서 명맥을 유지하고, 동학농민혁명
과 기미년 3·1 독립혁명을 주도할 수 있었던 데는 최제우가 최시형
을, 최시형이 손병희를 각각 후계 교주로 선택한 것도 큰 요인이 되었
을 것이다.

최시형은 수행은 물론 포덕에도 열과 성을 다했다. 내지 지역은 물

론 멀리 동해안 일대를 돌아다니며 많은 사람에게 포덕했다. 그래서 입교자가 줄을 이었다. 예부터 창업보다 수성이 어렵고, 수성보다 경장이 더 어렵다고 했다. 최시형은 많은 제자 중 단연 으뜸의 모습을 보이면서 창업과 수성에 공을 들였다.

# 10. 수난의 시기에 임하여

## 1. 경주 감영에 구금되다

진주민란(1862)을 시발로 전국 28개 군현에서 일어난 민란(민중봉기)이 정부에 의해 어느 정도 진압되면서 예상했던 칼날이 최제우에게 다가왔다. 당시 박대여의 집 부근은 날이 갈수록 문전성시를 이루고, 멀리에서 온 도인들은 노숙도 마다하지 않았다. 이로써 다시 관가의 주목을 받았다.

1862년 9월 29일(음), 경주 영장營將이 포졸들을 시켜 최제우를 붙잡아오라고 명령했다. 결국 최제우는 체포되어 경주 감영에 갇히게 된다. 그가 어떻게 체포되었는지는 알 수 없다. 도인 중에서 배신한 사람이나 일반 백성이 관아에 발고했을 수도 있다. 이와 관련해 초기 교단 기록에는 "윤선달이란 자가 수운 선생을 잡아들이면 한 푼씩만 거두어도 천여 냥이 된다고 영장을 꾀어 체포하게 되었다"라고 기록되어 있다. 어찌 되었든 각지의 민란으로 불안에 떨던 관리들이 천지사

방에서 찾아오는 사람들을 보면서 위기의식을 갖게 되었고, 그래서 일이 더 커지기 전에 최제우를 체포했던 것으로 보인다.

경주 감영에서 영장이 최제우를 신문했다. "일개 가난한 선비가 어떤 도를 가졌기에 수천의 많은 선비를 모아 세상을 농락하고 이름을 얻었는가? 술가術家도, 의술의 의원도, 점쟁이도 아니요, 굿을 하는 무당도 아닌데 술인의 생계는 무엇인가?"

최제우는 답변했다. "사람을 훈학하는 업이니 이치에 맞지 않는 일이라도 있는가?" 영장은 최제우의 위의威儀를 보고 깜짝 놀라 대꾸를 못 했다.[1]

최제우가 관아에 체포되었다는 소식이 알려지면서 경주 감영에는 도인 600~700명이 몰려왔다. 도인들은 밀고한 윤선달을 내놓으라고 소리치고, 곧이어 무고한 스승을 석방하라고 요구했다. 날이 지날수록 도인들의 수가 늘어나고 목소리도 더욱 높아졌다. 언제 어떤 일이 벌어질지 영장은 불안하기 그지없었다.

최제우는 체포된 지 6일 만에 풀려났다. 관청은 도인들이 들고일어나 새로운 민란이 발생할까 두려워서 서둘러 석방했다. 1년여 뒤 최제우를 체포한 영장 정운구鄭雲龜의 「서계」에는, "작년에 최한(제우)이 진영에 잡혔을 때 며칠 안 되어 제자 수백 명이 진영에 와서 호소하기를 그들의 본래 백성을 해하고 풍속을 못 쓰게 하는 것이 아닌즉 빨리 석방하라 하여 진영으로부터 곧 백방되었다"라고 적혀 있다.

석방되고 며칠 뒤 최제우는 도인들에게 「통문通文」을 발송했다. 그런데 그 글의 내용 중에는 "모두 도를 버리도록 하여 다시는 모욕을 당하는 폐단이 없게 하라"라는 내용이 담겨 있었다. 이 말이 무슨 뜻인지 불분명하지만, '석방의 조건'으로 「통문」을 지었던 것이 아닌가 싶다.

뜻하지 않게도 도적으로 다스려지는 욕을 받았으니, 이 무슨 재앙인가. 이는 일컫는바 금禁하기 어려운 것은 나쁜 말이요, 시행되지 않는 것은 착한 행실이다. 이와 같은 일이 그치지 않으면, 근거 없는 말이 갈수록 더욱 날조捏造됨이 더해져서 나중의 화가 어느 지경에 이를지 알 수 없는 것이니라. 하물며 이와 같이 좋은 도道가 서양 오랑캐의 학學으로 돌아가게 하니, 이 진실로 수치스러운 일이 아니겠는가. 어찌 예禮와 의義를 갖춘 마을이 참여하며, 어찌 우리 가문의 일에 참여하겠는가.

이로부터 이후에는 비록 친척의 병환이라도, 사람을 교화하지 말라. 일찍이 도를 전한 사람은 조심스레 살피고 극진히 찾아보아 이 뜻에 통하여야 한다. 도道를 망각할 지경으로 정성을 다하게 되면, 다시 욕을 당하는 폐단은 없을 것이니라.

그러한 까닭에 몇 줄의 글을 써서 밝혀 펴서 보이노니, 천번 만번 심히 다행한 일이라.[2]

일단 석방된 최제우는 용담을 떠나기로 했다. 계속해서 찾아오는 도인들을 보고 관청이 또 언제 무슨 빌미로 삼을지 모르기 때문이었다. 먼저 도인들에게 다시 '입조심'을 하라는 글을 지어 돌렸다. 관에 빌미를 주지 말라는 의미였다.

병 속에 신선주가 들어 있으니

가히 백만인을 살리리라

쓸 곳이 있어 천년 전에 빚어

잘 간직하여 오던 술이다

부질없이 한 번 마개를 열면

냄새는 흩어지고 맛도 없어지리라

지금 도 닦는 우리들은 입조심 하기를

이 술병을 간수하듯 하라.[3]


최제우는 이어서 도인들에게 수행을 당부하는 「탄도유심급 歎道儒心急」도 지어 돌렸다.


산하의 큰 운수가 다 이 도에 돌아오니 그 근원이 가장 깊고 그 이치가 심히 멀도다.

나의 심주를 굳건히 해야 이에 도의 맛을 알고, 한 생각이 이에 있어야 만사가 뜻과 같이 되리라.

흐린 기운을 쓸어 버리고 맑은 기운을 어린 아기 기르듯 하라.

한갓 마음이 지극할 뿐 아니라, 오직 마음을 바르게 하는 데 있느니라. 은은한 총명은 자연히 신선스럽게 나오고, 앞으로 오는 모든 일은 한 이치에 돌아가리라.

남의 적은 허물을 내 마음에 논란하지 말고, 나의 적은 지혜를 사람에게 베풀라.

이와 같이 큰 도를 적은 일에 정성드리지 말라. 큰일을 당하여 헤아림을 다하면 자연히 도움이 있으리라. 풍운대수는 그 기국에 따르느니라. 현묘

한 기틀은 나타나지 않나니 마음을 조급히 하지 말라. 공을 이루는 다른 날에 좋이 신선의 연분을 지으리라.

## 2. 도인들 집으로 옮겨 다니다

최제우는 최시형의 주선으로 포항 흥해읍 매산리 손봉조의 집에서 당분간 지내게 되었다. 큰어머니(아버지의 첫째 부인)인 오천 정씨의 친정이 있던 마을이다. 교통도 편리하고 생활도 궁색하지 않아서 11월 9일에 이곳으로 옮겼다. 옮겨온 다음 날부터 손봉조의 집으로 찾아오는 도인들이 많아졌다. 최제우는 마을 아이들에게 글과 글씨 쓰기를 가르쳤다. 그는 가는 곳마다 아이들을 가르쳤다. 결코 '공짜 밥'을 먹지 않았다. 그런데 웬일인지 글씨를 제대로 쓸 수가 없었다. 정신적으로 안정되지 않은 탓이었다. 12월에야 겨우 안정을 되찾았다. 이 무렵 「화결시和訣詩」를 지어 제자들에게 읽도록 했다.

방방곡곡 돌아보니 물마다 산마다 낱낱이 알겠더라.

소나무 잣나무는 푸릇푸릇 서 있는데 가지가지 잎새마다 만만 마디로다.

늙은 학이 새끼 쳐서 온 천하에 퍼뜨리니 날아오고 날아가며 사모하기 극치로다.

운이여 운이여, 얻었느냐 아니냐, 때여 때여, 깨달음이로다.

봉황이여 봉황이여, 어진 사람이요, 하수여 하수여, 성인이로다.

봄궁전의 복숭아꽃 오얏꽃이 곱고도 고움이여, 지혜로운 사나이는 즐겁고 즐거워라.

만학천봉 높고도 높을시고, 한걸음 두걸음 오르며 나직이 읊어보네.

밝고 밝은 그 운수는 저마다 밝을시고, 같고 같은 배움의 맛은 생각마다 같을러라.

만년 묵은 가지 위에 꽃이 피어 천 떨기요, 사해의 구름 가운데 달솟으니 한 개의 거울일세.

누각에 오른 사람은 학의 등에 신선같고 뜬 배에 있는 말은 한올 위에 용 같아라.

사람은 공자가 아니로되 뜻은 같고, 글은 만권이 아니로되 뜻은 능히 크도다.

조각 조각 날고 날림이여, 붉은 꽃의 붉음이냐.

가지 가지 피고 핌이여, 푸른 나무의 푸름이냐.

부슬 부슬 흩날림이여, 흰 눈의 흰 것이냐.

넓고 넓고 아득하고 아득함이여, 맑은 강의 맑음이냐.

둥둥 뜬 계수나무 노여, 물결도 일지 않는 모래밭 십리로다.

길에서 거닐며 한가로이 말함이여, 달은 동산에 솟고 바람은 북쪽에 불 때로다.

태산이 높고 높음이여, 부자께서 오른 것이 어느 때인가.

맑은 바람이 서서히 불음이여, 오류선생이 잘못을 깨달음이라.

맑은 강의 넓고 넓음이여, 소동파와 손님의 풍류로다.

연못의 깊고 깊음이여, 바로 주렴계의 즐거움이로다.

푸른 대의 푸르고 푸름이여, 군자의 속되지 않음이로다.

푸른 솔의 푸르고 푸름이여, 귀 씻던 처사의 벗이로다.

밝은 달의 밝고 밝음이여, 이태백이 안으려던 바요.

귀에 들리는 것은 소리요 눈에 보이는 것은 빛이니, 다 이것이 한가로이 예와 이제를 말함이라.

만리에 흰 눈이 어지럽게 흩날림이여, 천산에 돌아가는 새 날음이 끊어졌네.

동산이 밝고 밝아 오르고자 함이여, 서봉은 무슨 일로 길을 막고 막는고.

최제우는 당국이 동학을 서학으로 몰아 탄압하는 것을 은유적으로 읊으면서 새로운 길을 모색한다.


## 3. 떠돌이 생활 끝내고 용담정에 정착하다

최제우는 손봉조의 집에서 1863년(계해년) 새해를 맞았다. 어느덧 포교 4년째로, 속세의 나이로 40살이 되었다. 연초에 잠시 용담으로 가서 가족을 만나고 다시 매산리로 돌아왔다. 그러나 도인들의 방문이 많아지면서 이곳에도 오래 머물 수 없었다.

그래서 2월 초에는 영천 이필선의 집으로, 3월 초에는 다시 신령 하처일의 집으로 옮겨 다니며 여러 날씩 머물렀다. 머무는 곳마다 그는 아이들에게 글과 글씨를 가르치고, 찾아오는 도인들에게 수행하는 법을 가르쳤다. 그러나 최제우는 언제까지 도인들의 집을 옮겨 다니면서 지낼 수는 없다고 판단했다.

최제우는 3월 9일(음력), 용담으로 다시 돌아왔다. 예전과 달리 이제는 어떤 박해에도 물러서지 않고 맞서겠다고 결단했다.

4개월 만인 1863년 3월 9일(양 4월 26일)에 용담으로 돌아왔다. 이로써 떠돌이 생활을 청산한 것이다. 둘째 아들 세청世淸과 그의 친구인 김춘발, 성일규, 하한룡, 강규 등을 불러다 글과 글씨를 가르쳐주었다. 역시 아동들을 가르치는 훈학訓學을 계속했다.

서헌순의 장계에도 "복술은 본래 글씨를 잘 쓰는 사람으로 이름이 났으며, 구龜, 용龍, 운雲, 상祥, 의義 등의 낱글자를 써서 사람들에게 주었다. 학도의 부형들은 수고했다고 얼마간의 돈과 양곡을 주었으나 토색하는 일은 없었다"고 했다. 수운의 필적 중 구龜 자는 1920년대까지 보존되어왔으나 현재는 사진으로만 볼 수 있을 뿐이다. 그래도 이 구 자는 수운의 필법을 이해하는 데 큰 도움이 되고 있다.[4]

복술은 최제우의 아명인데, 이 글에서 알 수 있듯이 최제우는 글과 글씨를 많이 짓고 썼다. 그런데 그가 참형되고, 동학혁명 때 관군과 일제의 탄압을 받는 과정에서 대부분 소실되었다. 다만, 유일하게 거북 구龜 자만 그나마 사진으로 남아 있다.

이 무렵 최제우는 필법·필체를 밝히는 「필법筆法」이라는 글을 지었다.

닦아서 필법을 이루니 그 이치가 한 마음에 있도다.

우리나라는 목국을 상징하니 삼절의 수를 잃지 말아라.

여기서 나서 여기서 얻었는 고로 동방부터 먼저 하느니라.

사람의 마음이 같지 않음을 어여삐 여겨 글을 쓰는 데 안팎이 없게 하라.

마음을 편안히 하고 기운을 바르게 하여 획을 시작하니 모든 법이 한 점에

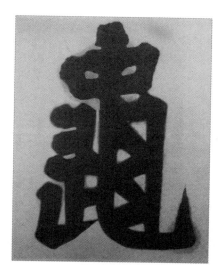

최제우가 쓴 '거북 구' 자.

있느니라.

먼저 붓 끝을 부드럽게 할 것이요, 먹은 여러 말을 가는 것이 좋으니라.

종이는 두터운 것을 택해서 글자를 쓰니, 법은 크고 작음에 다름이 있도 다.

먼저 위엄으로 시작하여 바르기를 주로 하니 형상이 태산의 층암과 같으 니라.

이 무렵 최제우의 심사는 「시문」의 다음 부분에서 잘 나타난다.

겨우 한 가닥 길을 얻어 걸음걸음 험한 길 걸어가노라.

산 밖에 다시 산이 보이고 물 밖에 또 물을 만나도다.

다행히 물 밖에 물을 건너고 간신히 산 밖에 산을 넘어왔노라.

바야흐로 들 넓은 곳에 이르니 비로소 대도가 있음을 깨달았노라.

안타까이 봄 소식을 기다려도 봄빛은 마침내 오지를 않네.

봄빛을 좋아하지 않음이 아니나 오지 아니하면 때가 아닌 탓이지.

비로소 올 만한 절기가 이르고 보면 기다리지 아니해도 자연히 오네.

봄바람이 불어 간밤에 일만 나무 일시에 알아차리네.

하루에 한 송이 꽃이 피고 이틀에 두 송이 꽃이 피네.

삼백예순 날이 되면 삼백예순 송이가 피네.

한 몸이 다 바로 꽃이면 온 집안이 모두 바로 봄일세.

# 11. 최후를 앞두고 대비하다

## 1. 유생들, 동학을 오랑캐라 발고하다

어느 시대를 막론하고 변화·변혁기에는 지식인이 두 부류로 나뉜다. 하나는 소수이지만 개혁과 변화를 추동하는 진보적 지식인이고, 또 하나는 변화와 개혁을 거부하는 완고한 수구파이다. 그런데 수구파의 숫자가 훨씬 많다. 오랜 기간 기득권에 안주하면서 세력을 형성했기 때문이다. 이들은 비판·개혁 세력을 적대시한다.

조선 후기에도 이와 다르지 않았다. 기존의 기득권 세력인 수구파들은 성리학 이외의 모든 학문과 학파를 이단이나 사문난적이라 몰아세우며 배척했다. 특히 동학이 널리 유포되면서 동학도들이 많아지고 차츰 세력을 갖추어가자 유생들은 위기감에 빠져들었다. 유생들에게 동학의 시천주 사상이나 남녀평등론 등은 하늘이 무너지고 땅이 꺼지는 '괴설'이었다. 그들은 동학의 세력이 급격하게 커지자 자신들의 영향력과 권위가 떨어진다고 보고, 동학이 주장하는 귀천타

파가 조선왕조의 근간을 뒤흔드는 변괴라고 인식했다.

동학배척운동은 유생들이 경주 관아에 엉뚱한 이유를 들어 동학을 밀고한 일에서부터 시작되었다. 이어 1863년 7월부터는 유생들이 더 적극적으로 고발을 하고, 9월에는 상주 지역 유생들이 조직적으로 나섰다. 따지고 보면 '성리학'은 억울한 측면도 없지 않다. 성리학은 원래 인간의 선한 본성과 그것을 보장해주는 우주적 원리를 탐구하는 학문인데, 조선에 들어와서는 유교 경전을 신주단지처럼 모시고 갈수록 교조화가 되면서 번문욕례繁文縟禮와 허례허식에 빠져들었기 때문이다.

그해 9월 13일, 상주군 외서면 우산리에 있는 우산서원愚山書院에서 동학을 배척하는 배척통문排斥通文을 만들어 상급서원인 도남서원道南書院에 보냈다. 우산서원이 도남서원의 원장진사 홍은표와 책임유학 정직우에게 보내는 형식으로 쓴 「우산서원 통문」이다. 이 통문에서 유생들은 동학을 '요마妖魔 흉물'이라 지적하면서 "오랑캐나 황건적의 도주道呪와 같다"라는 극악한 표현까지 서슴지 않았다. 또한 동학이 서학을 개두환면改頭換面한 것이라 주장했다. 그러면서 옛날에는 경상도 지역에 서학이 들어오지 못했는데 지금 동학이 선악의 질서를 어지럽히는 "쪽쟁이풀처럼 들어와 자라고 있다"라고 주장하고, 더 이상 이것이 자라지 못하도록 박멸해야 한다고 제기하기도 한다. 「우산서원 통문」의 내용은 다음과 같다.

우문右文으로 통유할 일은 삼가 맹자께서는 양묵楊墨의 언설言說이 사라지지 않으면 공자의 도가 불명해지므로 양묵을 물리치는 것은 성인의 도리라고 능히 말할 수 있다고 했다. 정자도 양묵을 불도의 말에 비하면서 그 폐해가 우심하므로 학자는 마땅히 음탕한 말과 미색을 멀리해야 한다고 했다. 이같이 아니하면 그 속에 마구 빠져들게 된다고 했다.

아! 지금의 소위 동학이란 것은 어떤 무리의 요마妖魔 흉물인지 제 모습을 포장하여 알 수가 없다. 대체로, 생각해보면 그 지은 이름으로 보아서 그 죄가 만 가지로 드러나니 곧 서양의 학을 하는 도적들이다. 말하기를 서라 하고 양이라 하고 천주天柱 天主라 하니 우리 동방의 불량배 무리이다. 방치하여 두면 같이 망할 우환이 있을 것은 그 이름을 보아도 가히 알 수 있다. 대저 본래의 서를 동으로, 양을 선鮮이라 하고 학學 하는 바도 천주라 호칭하니 오랑캐나 황건적의 도주道呪와 같음을 가려볼 수 있다.

지금 동이라는 명목을 가지고 있다. 이러하니 이 적도들의 흉측하고 음흉한 계략은 동 자 한 자를 훔치었다. 장차 예의를 밝히는 우리 동방東邦에 그들이 섞이면 한없이 욕이 되어 천하 만세에 이어질 것이다. 우리 동방의 벼슬아치와 선비된 자는 어찌 서두르지 않으랴. 두려워 말고 용기를 내면 통렬히 열어나갈 수 있다고 생각한다.

여태까지 양학이 치열하여 나라 안에 가득 찼으나 감히 영남에는 한 발짝도 들여놓지 못했다. 당시 여러 선배들이 바르게 정학(유학)을 밝히고 사설을 배척하는 데 힘을 다하여 이루어냈기 때문이다. 이 일은 이미 지난 일이지만 효험이 컸음이 드러났다. 이번의 요마 흉측한 술책은 분명한 서학인데 근본은 바꾸지 않고 이름만 바꾸었다. 지난날에는 어정거리며 감히 이 지역에 들어오지 못했으나 지금은 매우 한심한 곳이 되어버렸다.

당연히 들어앉아 뜻을 구하고자 글을 읽고 닦아서 행하는 선비들은 우려할 바가 없으나 지식이 얕고 재주가 엷어 새것을 좋아하여 괴상하게 행하려는 무리는 잘못 빠져들지 않으리라 보장하기는 어렵다. 하물며 무지한 백성은 그들에게 더욱 감염되기 쉬울 것이다. 지금 도모해야 할 것은 빨리 가려내어 마땅히 엄하게 죄주어 다스려야 하리라 생각된다.

단지 가려내기만 하면 무엇하랴. 유도를 밝혀서 그 근원을 더욱 깊게 하도록 엄한 법을 만들어 그들을 가려서 효과있게 단속해야 한다. 선비로서 할 일은 그들의 간사함을 살펴보거나 그들의 행동을 단단히 살펴보아야 옳을 것이다. 또한 단지 토죄討罪에 그치면 무엇하랴.

그들의 죄악을 성토하여 온 세상에다 드러내어 준엄하게 설득시켜 가르쳐 막아야 하며 유도의 가르침을 가지고 급하게 번져가는 물살을 막아야 하며 그 폐풀어짐을 분명히 알고 그 심지를 크게 정해야 옳을 것이다. 모름지기 이와 같이 하면 우리 유도도 마치 중천의 해와 같이 밝아지리라. 백성의 행실德을 둘러놓으면 모두 북돋을 수 있으리라.

그들이 이르는 동학이란 것은 바로 선과 악을 어지럽히는 쭉쟁이풀의 싹이라 하겠다. 마땅히 햇빛을 못 보게 얽힌 덩굴을 뽑아버려야 한다. 이 어찌 영남에서 글 읽는 우리의 급선무가 아니겠는가.

저희들은 남모르게 나라를 걱정하는 마음을 이기지 못해 감히 미혹된 의견을 펴서 보이어 태평함을 돕고자 엎드려서 위에 있는 여러분에게 청하는 것이다. 진정 분연히 여긴 지 오래이니 바라건대 체납하여 통문을 내려 빨리 도내 서원에 돌려서 널리 효유해서 평안토록 크게 방비하여 능히 보존하면 다행이겠다.[1]

## 2. 상급서원, 당국에 엄벌하라고 촉구하다

서원書院은 조선 중기 이후 학문 연구와 선현제향先賢祭享을 위해 사림이 전국 각지에 설립한 사설 교육기관이자 향촌 자치운영기구로서 순기능을 했다. 그런데 차츰 유생들이 세력기반을 구축하는 방편으로 이용되고, 숙종 대에만 166개가 건립되는 등 난립했다.

서원이 난립하면서 본래의 교육과 학문 연구보다 제향 일변도로 기울게 되고, 제향과 유지에 필요한 물품은 주민들에게서 착취하는 등 향촌 사회의 권력기관이 되어갔다. 또한 중앙 정파와 맥을 이은 붕당의 하부기관 역할을 맡기도 했다. 영조가 서원철폐를 단행한 데 이어 흥선대원군은 1894년부터 전국에 47개소만 남겨두고 모두 없애라는, 이른바 서원철폐령을 내렸다.

우산서원으로부터 동학을 매도하는 통문을 받은 도남서원은 한술 더 떴다. 1863년 12월 1일(음력), 통문을 다시 만들어서 상주군 외남면 신상리에 있는 옥성서원玉城書院을 비롯해 지역 내 여러 서원에 보냈다. 이 통문은 도남서원 원장 전 별제 정연우, 회원 전 참판 유후조의 이름으로 된 「도남서원 통문」이다. 이 글에서는 우산서원의 통문보다 더 악의적으로 동학을 성토하면서 관이 나서서 엄벌하라고 촉구했다. 그 주요 내용은 다음과 같다.

우문右文으로 통유하게 된 것은 바로 우산서원에서 본원에 보내온 글을 접해보았기 때문이다. (중략) 우리들은 수선首善,道南書院의 처지에 있으면서 이단을 물리치는 일에 먼저 일을 꾸미지 못한 데 대해 이를 부끄럽게 생각한다. 그러나 우산서원은 곧 우리 고을의 서원이라 우리들이 한 일과 같은 셈이니 우산서원 선비들의 말은 곧 우리들의 말이다. 이에 감히 뒤이어서 그 사단事端에 도내 여러 군자들과 같이 힘을 다하기를 청하는 바이니 양해하기 바란다. (중략)

동학이란 어떤 것인가. 서학의 명목을 다시 이어가자는 것으로 한 짝으로 태어난 이들을 우리나라 백성이라 할 수 있겠는가. 즉 그들이 하는 말과 하는 일은 이미 참모습을 감추고 사악함이 만 가지가 하나같으니 얻을 것은 아무것도 없다. 그들의 행위가 무엇이 요사하고 흉악한 기도인지, 서양의 학인 오랑캐 짐승의 도에 비해 심한지 심하지 않은지를 실로 모르고 있다.

그러나 전해지는 말을 대강 들으니 그들이 이른바 송주誦呪하는 천주라는 것은 서양에 의부依附한 것이고 부적과 물로 병을 치료하는 것은 황건적의 행위를 도습한 것이다. 하나같이 귀천의 차등을 두지 않고 백정과 술장사들이 어울리며 엷은 휘장을 치고 남녀가 뒤섞여서 홀어미와 홀아비가 가까이하며 재물이 있든 없든 서로 돕기를 좋아하니 가난한 이들이 기뻐한다.

무지한 천류들이 많이 물들어 나무꾼과 초동과 같은 더벅머리 아이들이 다투어 송주하기 때문에 그들의 하는 말에는 원래 조금도 헷갈림이 없으니 비슷한 데 근거하여 난류亂流인지 진류眞流인지 견줄 방도가 없다. (중략) 어찌 문벌 좋은 집안의 재주 있는 사람들이 점차 물들어갈 염려는 없으나 오히려 부족함을 좌교左教의 윤리를 본떠서 자신의 필설을 더럽히며 밝은 도리를 논척할 수 있다.

옛사람은 이단을 오랑캐나 금수라 칭했으니 이는 이단을 배척하고 지목하는 극치의 화두話頭이다. 그러나 지금의 소위 적도는 도깨비에 홀려 빠져든 데 지나지 않는다. 오랑캐나 금수는 오히려 형적이 있지만 도깨비는 어떤 형상인지 그려낼 수 없다. 그러나 그 죄는 용납하기 어려운 것은 동학의 명목이요, 그 조짐이 두려울 만한 것은 취당聚黨하는 일이다.

아! 그들이 통탄스럽다. 동학이 행하는 죄목을 가지고 우산서원에서 띄운 문유文諭에 상세하게 가려서 드러냈으니 이해하기를 바란다. 이제 얽어놓지 않으면 피적들은 스스로 한 무리를 지을 것이다.

은밀히 서로 동학을 전수하여 깊은 산속 으슥한 곳에 근거지를 만들어 퍼져 물들게 되면 고을과 마을의 중심에 한번 들어가면 장인과 장사치는 소업을 전폐하고 밭 가는 자도 또한 일하지 아니하면 그들이 꾀하려는 것이 무엇이겠으며 그들이 끝내 이르려 하는 곳이 어디일까.

이는 오랑캐들과 이 땅에서 섞여 살자는 것과 다름이 없다. 해괴한 기미가 조석으로 박두하고 있음은 뻔한 일이다. 이를 보고 조금도 괴이치 않게 여기며 듣고도 별다를 것 없다고 편안히 여긴다면 어찌 유식한 이들의 천만부당함을 근심하고 한탄하지 않으랴.

한 가지는 유학을 밝게 풀이하여 그들로 하여금 삿되고 저열한 짓을 못하게 해야 하며, 한 가지는 법조문을 엄하게 확립하여 그들 요적妖賊으로 하여금 두려움을 알게 하여 부진한 유도를 이어나가 나라의 원기를 강성하게 하면 천만다행이겠다. 이렇게 한다면 그들의 속임수에 들어간 무지한 천류賤類는 비록 혹시라도 헷갈림이 생겨 돌아올 줄 모르면 스스로 형벌에 이르게 되어 또한 욕을 보게 될 것이다.[2]

## 3. 후계체제 갖추고 최후를 대비하다

경주 지역 유생들이 서원을 근거지로 삼아 동학과 서학을 똑같이 취급한 데 이어, 심지어 '오랑캐→황건적'으로 몰고, 관이 나서서 엄벌하라는 서원의 통문 소식을 듣고는 최제우는 올 것이 오고 있음을 알게 되었다. 그리고 최후 준비를 서둘렀다. 수제자 최시형에게 도통道統을 전수하고, 「불연기연不然其然」과 「팔절八節」 등을 지어 도인들에게 널리 읽히도록 했다.

수제자 중에 최시형이 교조의 마음을 얻고 도인들로부터도 신임을 받았다. 최시형은 1827년 3월 21일(음력), 경주 읍내 동촌 황오리에서 태어났다. 최제우보다 3년 아래이다. 아버지 최종수崔宗秀는 그가 12살 때, 어머니 배 씨는 그가 6살 때에 사망했다. 일찍 양친을 잃은 최시형은 어렸을 때부터 온갖 고생을 하며 자랐다. 17살쯤에는 종이를 만드는 공장에서 일을 하고, 28살 무렵에는 경주 광면 마복동에 살면서 방坊의 집강執綱(면이나 리의 행정 사무를 맡아보던 사람) 일을 했다.

최시형은 33살에 검악산 아래 검곡으로 이사하고, 35살 때인 1861년에 최제우의 가르침을 받아 도인이 되었다. 입도한 뒤 동학을 포교하면서 '사인여천事人如天'이라는 말을 훈화로 삼았다. 사람과 사람 사이에 빈부귀천과 남녀노소와 적서노주嫡庶奴主의 별을 가리지 말라는 가르침이었다.

최제우의 '시천주'와 맥을 같이하는 최시형의 '사인여천'은 그가 3세 교주로 위촉한 손병희의 '인내천'으로 이어졌다. 하나같이 "사람이 곧 하늘"이라는 천부인권사상이다.

해월 최시형.

최제우는 최시형에게 '해월<sup>海月</sup>'이라는 호를 내렸다. 그리고 얼마
뒤 최시형을 불러서 '수심정기<sup>守心正氣</sup>'라는 네 글자를 써주면서, "오
늘부터 도운<sup>道運</sup>이 그대에게 돌아가고 도법<sup>道法</sup>이 그대에게 전해졌으
니 이로부터 도의 일을 확장함에 있어 그대가 힘써 나의 마음을 어기
지 말라"라고 했다. 그리고 '용담물이 흘러 네 바다의 근원이요 검악
에 사람 있어 일편단심이라<sup>龍潭水流四海源 劍岳人在一片心</sup>'라는 결시<sup>訣詩</sup>
를 최시형에게 주면서 "이 시는 그대의 장래 일을 위해 내릴 강결<sup>降訣</sup>
이니 영원히 잊지 말라"라고 했다.[3]

최시형이 최제우로부터 도통을 전수하게 된 과정은 다음과 같다.

대신사께서 경신년 4월 초5일 득도를 한 후 1년이 지난 신유년에 이르러 포덕을 하게 되자 해월신사는 경주 용담정으로 찾아가 대신사의 가르침을 받고 입도를 했다. 입도한 해월신사는 한 달에 서너 번씩 대신사를 찾아뵙고 설교, 강론을 듣고 도법道法을 배우는 데 게을리하지 않았다.

특히 하루는 "대신사께서 독공하실 때 한울님 말씀을 들었다 하니 내 성력을 다하여 한울님 마음을 움직이게 하리라" 하고, 추운 겨울날 집 아래 계곡의 찬물에 매일 목욕을 했다. 이렇게 하기를 계속하자 물이 차지 않고 밤이 어둡지 않는 듯하더니 문득 공중으로부터 '양신소해 우한천지급좌陽身所害 又寒泉之急坐'라는 소리가 들리므로 냉수욕을 중단했다. 신사께서 이 말씀을 들은 후 대신사를 뵙고 이 상황에 대하여 말씀을 드렸더니 대신사께서 "그대가 한울님 말씀을 들은 시간은 내가 수덕문을 읊던 시간이니 나의 글 읊는 소리가 그대의 귀에 영감으로 들린 것이 분명하다"고 했다.

이와 같은 수련을 거듭한 해월신사는 이해 3월에 대신사로부터 '포덕에 종사하라'는 명교를 받고 영해·영덕·상주·홍해·예천·청도 등지를 순회하여 많은 포덕을 했는데, 이때 검악포덕劍岳布德이라는 별칭을 얻기도 했다.[4]


## 4. 최시형을 후계자로 지목

최제우는 자신의 신변에 머잖아 변고가 닥칠 것을 예견하고, 동학의 교단을 지키기 위해 최시형을 후계자로 하고 새로운 체제를 갖추도록 했다. 1863년 7월 23일, 최제우는 도인 40~50명이 모인 자리에서 최시형을 '북도중주인北道中主人'으로 임명했다. 북도중주인이란 경주

이북 지역의 도중道中을 말한다.

마침 경상(최시형)이 오자 오랫동안 상담하고 나서 특별히 북도중주인으로
정했다. 선생은 탄식하며 노여운 기색을 보이는 듯하다가 다시 기색을 가
라앉히고 부드러운 음성으로 이르기를 진실로 성공자成功者는 가는 것이
다. 이 운수를 생각하니 필시 그대 때문에 생겨났다. 이제부터 도의 일을
신중하게 처리하여 나의 가르침에 어김이 없도록 하라.
　　경상은 어찌하여 이런 훈계말씀을 하십니까 하자 선생은 이는 곳 운이
니라 난들 운이니 어찌하랴. 그대는 마땅히 명심하고 잊지 말아야 한다.
경상은 다시 말하기를 선생의 교훈의 말씀은 저에게 과분하다고 했다. 선
생은 웃으시며 일인즉 그리되었다. 걱정하지도 말고 의심하지도 말라고
했다.[5]

　　최제우는 여기서 "성공자는 가는 것이다"라는 말을 했다. 자신이
할 일은 다 했으니 이제 후사를 넘긴다는 뜻이다.
　　이로부터 경주 남쪽南道中은 수운이 직접 관할하고, 북쪽北道中은 해
월이 분담하여 관할했다. 여기서 북도중 지역은 경주 북산중(검곡 일
대), 영일, 청하, 영덕, 영해, 평해, 진보, 안동, 영양, 단양, 신녕, 예
천, 상주, 보은 등을 아우른다. 『해월선생문집』에는 "지금부터 해월
을 북접주인北接主人으로 정했으니 내왕하는 도인들은 먼저 검곡을 거
쳐 오라"라고 명했다 한다. 이런 조치는 후계자에게 권위를 실어주기
위한 배려라고 보인다.[6]
　　흔히 동학의 조직을 두고 경상도와 충청도 지역을 북접北接, 전라

도 지역을 남접으로 분류하는 경향이 있다. 이어서 동학혁명 때에 남접은 무장봉기를, 북접은 이를 반대하는 것으로 이해되기도 한다. 전봉준은 남접과 북접을 다음과 같이 말했다.

> 문: 동학 가운데 남접 북접이라 일컬어지는 것이 있는데 무엇에 의하여 남북을 구분하는가?
> 답: 호이남湖以南을 칭하여 남접이라 하고 호중湖中을 칭하여 북접이라 한다.[7]

그러나 남접과 북접이라는 용어는 상호 대립되는 개념이 아니다. 북접이란 동학 도통의 정통성을 상징하는 용어로, 남접은 호이남의 동학 조직, 즉 전라도 일대의 동학 조직을 편의상 부르는 이름으로 사용되었을 뿐이다.[8]

## 5. 그릇된 쪽으로 흘러가지 않게 경계하라

최제우는 1863년 7월에 「도덕가」를 짓고, 8월에 「흥비가興比歌」, 그리고 가을에는 「영소詠宵」를 지어 도인들에게 나누어주었다. 「도덕가」는 앞에서 소개했기에 여기서는 「흥비가」와 「영소」를 소개한다.

「흥비가」는 중국의 고전인 『시경詩經』에 나오는 '흥비'라는 구절을 따서 지은 글로, 도끼와 도낏자루, 모기蚊 장군, 오비이락 등의 비유를 들어 동학도들이 그릇된 쪽으로 흘러가지 않도록 경계하는 내용을 담고 있다. 「흥비가」의 내용 일부는 다음과 같다.

시운詩云 벌가벌가伐柯伐柯하니 기칙불원其則不遠이라 (『시경』에서 이르기를, '도 낏자루 만드는데 잡은 도낏자루 보고 찍으니 그 만드는 법이 멀리 있지 않구나' 하였으니,)

내 앞에 보는 것을 어길 바 없지마는 (내 앞에 보이는 것을 어길 바 없지마는,)

이는 도시都是 사람이오 부재어근不在於斤이로다 (이는 사람이 하는 것이요, 도끼 에 있는 것이 아니로다.)

목전지사目前之事 쉬이 알고 심량深諒 없이 하다가서 (눈앞의 일 쉽게 알고 깊이 헤아리지 않고 하다가)

말래지사未來之事 같잖으면 그 아니 내 한恨인가 (끝이 좋지 않게 되면 그 또한 한 이 되지 않겠는가.)

이러므로 세상일이 난지이유이難之而猶易하고 (이러므로 세상일이 어려운 듯하지 만 쉽고,)

이지이난易之而難인 줄을 깨닫고 깨달을까 (쉬운 듯하지만 어려운 줄을 깊이 깨달아 야 한다.)

(중략)

저 건너 저 배나무에 배가 어찌 떨어져서 (저 건너 저 배나무에 배가 어찌 떨어져 서)

만단의아萬端疑訝 둘 즈음에 까마귀 날아가서 (이상한 생각이 들 즈음에 까마귀 날 아가서)

즉시 파혹破惑하였더니 지각없다 지각없다 (모든 의심 풀렸더니 지각없다, 지각없 다.)

이내 사람 지각없다 백주대적白晝大賊 있단 말을 (우리 사람 지각없다. 한낮에도 도 적이 나타난다는 말을)

자세히도 들었더니 지각없다 지각없다 (자세히도 알면서도 지각없다, 지각없다.)

이내 사람 지각없다 포식양거飽食揚去 되었으니 (우리 사람 지각없다. 제 배만 채우

고 떠나갔으니)

문장군蚊將軍이 너 아니냐. (모기와 같은 놈이 너로구나.)

(중략)

연포連抱한 좋은 나무가 두어 자 썩었은들 (아름드리 좋은 나무가 두어 자 썩었다고

해도)

양공良工은 불기不棄라도 그 말이 민망하다. ('훌륭한 목수는 버리지를 않는다' 하지

만 그 말이 민망하다.)

장인匠人이 불급不及하여 아니 보면 어찌하리. (목수가 보지를 못하고서 지나치면

어찌하리.)


## 6. 「영소」의 아포리즘

「영소詠宵」는 '밤에 읊다'라는 뜻인 듯하다. 『동경대전』에는 일부는 길
게, 또는 간략한 내용으로 네 편이 실려 있다. 한 편 한 편이 철학의
아포리즘이다.


속세에서 속 다르고 겉 다른 꼴을 보이던 항아姮娥는 자신이 부끄러워서
높고 밝은 광한전에 올라가 평생을 사노라네. 이런 마음을 아는 맑은 바
람은 흰 구름 보내어 옥 같은 그 얼굴을 가려주느니.

　연꽃이 물에 비치니 물고기는 나비가 되고, 달빛이 바다에 잠겨드니
구름은 또한 땅이 되었네. 두견화는 웃는데 두견새는 울고 있고 봉황대를
짓는데 봉황새는 놀고 있다. 백로가 강 위를 날아가는 것이 마치 제 그림

자를 타고 가는 것 같구나.

밝은 달은 달려가려고 날아가는 구름에 채찍질하네. 물고기가 변해서 용이 된다는데 연못에는 아직도 고기가 있네. 바람이 숲에서 범을 끌어내면 바람도 범따라 뒤따라가네. 바람이 불어오면 자취가 있으나 가면은 자취도 없다.

보름달 앞에서 뒤돌아보면 언제나 앞이라네. 안개는 가는 길을 막으나 밟아도 자취가 없네. 봉우리에 구름이 얹혔다고 한 자도 높아지지는 않네. 산에 사람이 많다고 모두 신선이라 할 수 없고 십十 자는 정丁 자로 이루어졌지만 군사라 할 수는 없네.

달밤의 시냇가 돌들은 흘러가는 구름을 세고 뜰에 핀 꽃가지에 바람이 부니 나비가 춤추며 자질하는 것 같구나. 사람이 안으로 다가들어가면 바람은 밖으로 나가게 되고 배가 기슭으로 다가가면 산은 물로 다가오게 된다. 꽃 울타리 열리니 봄바람 불어오고, 대울타리 성글게 비치니 가을 달은 가버리는가. 푸른 물속에 그림자가 잠겼다고 옷이 젖는 것은 아니고, 경대를 마주한 미인은 거울 속 미인과 화답하지는 못하네.

빼어난美利 용이라도 물이 없으면 타고 오를 수 없고, 범이 문으로 침입한다고 알리나 나무(몽둥이)가 없으니 어찌하리.

반달은 산머리에 빗질을 하고 기울인 연잎은 수면을 부쳐대네

연못가 버드나무는 안개 속으로 덮여가고 바다의 낚시배 등불 하나 둘 늘어만 가네.[9]


앞에서도 간략히 소개한 바 있지만, 최제우의 문장력과 시가詩歌 집필의 능력은 출중하다. 그는 동학 창도와 사회개혁가가 아니라 학

자나 문인으로 살았어도 크게 일가를 이루고도 남았을 것이다. 최제우는 「논학문」에서 '글의 목적'을 다음과 같이 말했다.

비록 나의 졸렬한 글이 정밀한 뜻과 바른 종지에 미치지 못했을지라도, 그 사람을 바르게 하고 그 몸을 닦고 그 재주를 기르고 그 마음을 바르게 함에 어찌 두 갈래 길이 있겠는가. 무릇 천지의 무궁한 수와 도의 무극한 이치가 다 이 글에 실려 있으니, 오직 그대들은 공경히 이 글을 받으라. 성스러운 덕을 돕기를 내게 비하면 황연히 단 것이 화청을 받고 흰 것이 채색을 받는 것 같으리니 내 지금 도를 즐거워하여 흠모하고 감탄함을 이기지 못하므로 논하여 말하고 효유하여 보이니 밝게 살피어 현기를 잃지 말지어다.

# 12. 최후에 남긴 글

## 1. 인간의 기본을 밝히는 「팔절」

최제우는 유생들의 동학배척운동이 심각해지던 1863년 11월 13일, 구속을 예견하면서 동학도를 위해 인간의 기본을 밝히는 시가 두 편을 지었다. 「팔절八節」과 생애 마지막 글인 「불연기연不然其然」이다.

먼저, 「팔절」은 '명明·덕德·명命·도道·성誠·경敬·외畏·심心'의 여덟 글자를 「전팔절」과 「후팔절」로 나누어 풀이한 글이다.

**전팔절**

밝음이 있는 바를 알지 못하거든 멀리 구하지 말고 나를 닦으라.

덕이 있는 바를 알지 못하거든 내 몸의 화해난 것을 헤아리라.

명이 있는 바를 알지 못하거든 내 마음의 밝고 밝음을 돌아보라.

도가 있는 바를 알지 못하거든 내 믿음이 한결같은가 헤아리라.

정성이 이루어지는 바를 알지 못하거든 내 마음을 잃지 않았나 헤아리라.

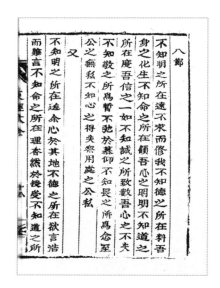

「팔절」.

공경이 되는 바를 알지 못하거든 잠깐이라도 모양함을 늦추지 말라.

두려움이 되는 바를 알지 못하거든 지극히 공변되게 하여 사사로움이 없
는가 생각하라.

마음의 얻고 잃음을 알지 못하거든 마음 쓰는 곳의 공과 사를 살피라.

### 후팔절

밝음이 있는 바를 알지 못하거든 내 마음을 그 땅에 보내라.

덕이 있는 바를 알지 못하거든 말하고자 하나 넓어서 말하기 어려우니라.

명이 있는 바를 알지 못하거든 이치가 주고받는 데 묘연하니라.

도가 있는 바를 알지 못하거든 내가 나를 위하는 것이요 다른 것이 아니니
라.

정성이 이루어지는 바를 알지 못하거든 이에 스스로 자기 게으름을 알라.
공경이 되는 바를 알지 못하거든 내 마음의 거슬리고 어두움을 두려워하라.
두려움이 되는 바를 알지 못하거든 죄 없는 곳에서 죄 있는 것같이 하라.
마음의 얻고 잃음을 알지 못하거든 오늘에 있어 어제의 그름을 생각하라.

최제우의 『용담유사』와 『동경대전』에 실린 각종 가사는 동학도를 상대로 하는 일종의 포덕용 글이다. 많은 동학도가 백성과 서민들이어서 어려운 한자 대신 구어체를 사용한 것이 특징이다. 나중에 유생과 선비들의 참여가 늘어나면서 한자로 쓴 글도 많아졌으나, 최제우가 포덕하던 초기와 중기에는 주로 한글을 썼다. 형식은 조선 후기 전통시가의 형식을 따랐다.

『용담유사』의 시가에 관해 연구한 정재호 교수는 『용담유사』의 국문학사상 의의를 몇 가지로 정리한다. 이를 요약하면 다음과 같다.

첫째, 국문학사상 일반 서민에게 새로운 각성을 일깨워준 가사라는 점을 지적할 수 있다. 가사문학의 최고봉이라 할 송강松江의 전후 「미인곡」은 해동의 「이소」란 평까지 받았으며, 「일동장유가」, 「농가월령가」 등의 장편이 조선조 말엽에 나왔으나 이들 가사의 형유자는 어디까지나 양반 계층인 데 비하여 '유사'야말로 일반 서민의 복음이었다.

둘째, 현실을 바라보는 눈과 비판정신을 가질 수 있었다. (중략) 현실에 대한 수운의 견해는 당시 서민들로 하여금 다시 한번 자기 주변을 살피고 자신의 처지를 생각할 수 있으며 새로운 현실 비판의 안목을 가질 수 있게 했다.

셋째, 현실에 대한 서민의 각성과 아울러 만민평등의 사상을 고취시켰다.

넷째, 여성 지위의 인정이다. 유교사회에서 여성의 지위란 남성의 속물이었으나, 수운은 생활상 여성 지위의 중요성을 깊이 인식했다.

다섯째, 서학을 끌고 들어온 서양인은 서양적西洋賊으로 인식했으며, 그들의 행위를 보니 아무리 보아도 명인名人이 없으며, 자기는 천상에 가기 위해 속히 죽기를 빌며 부모의 신은 없다고 제사도 지내지 않는 모순에 찬 어리석은 도이니 당연히 배격해야 한다.

여섯째, 개벽에 대한 암시를 얻을 수 있었다. 국내 현실이 군불군君不君, 신불신臣不臣의 형편으로 요순도 공자도 구할 수 없는 상태이며 나아가 서양적과 왜적 등 외세의 위협 아래 놓여 있다. (중략) 시운의 윤회를 수운은 믿고 있었다.

일곱째, 『용담유사』의 수사修辭가 우수하다는 점을 들 수 있다. "용담가" 초두에서 보는 것과 같이 국호와 읍호, 성호와 수명, 수세와 산기 등의 능란한 대구對句라든가 만세일지萬世一之 장부라든가 일천지하一天之下 명승지 등 그 기상은 참으로 웅장하다.

여덟째, 『용담유사』의 음률이 매우 정제되어 있다.

아홉째, 양적인 면에서도 가사문학사상 수운은 상위에 든다. 송강이 4편, 노계가 7편, 기타 1~2편인 데 비하면 수운의 9편은 편수로서도 많은 편에 든다.

열째, 문학적인 입장에서 음풍농월의 가사가 아니고 한 사람의 전기류에서 비롯하여 하나의 새로운 사상을 노래하여, 그것이 그대로 일반에게

널리 애호를 받았다는 점에서 실용적인 면에서도 본가本歌는 큰 성공을 거둔 작품이라 하겠다.[1]

## 2. 불연기연不然基然의 철학

최제우가 1863년 11월 중하순에 지은 것으로 추정되는 「불연기연不然基然」은 난해하지만 그의 신앙과 사상, 철학을 집대성한 매우 중요한 글이다. "보이는 대로 상식적으로 판단하여 그렇다고 여기는 많은 일들[基然]은 근원적으로 소급해가면 결국 불연不然의 사태와 마주치게 된다. 이를테면 사람의 생명은 부모에게서 나에게로, 나에게서 나의 자손에게로 계속 이어져가지만, 그 생명의 근원을 거꾸로 무한히 소급해 올라가면 이것 혹은 거짓이라고 분간할 수 없어 불연不然이라고 해야 할 사태에 부딪히게 된다"[2]라는 내용이다.

최제우는 『용담유사』의 「흥비가」에서 이미 '불연기연'을 언급한 바 있다.

> 그 말 저 말 다 하자니 말도 많고 글도 많아
> 조금씩 기록해놓으니 이와 같고 또 이와 같구나.
> 이 글 보고 저 글 보고 무궁한 그 이치를
> 불연기연 살펴내어 부와 흥으로 비유해보면,
> 글도 역시 무궁하고 말도 역시 무궁이라.
> 무궁히 살펴내어 무궁히 알았으면
> 무궁한 이 울 속에 무궁한 내 아닌가.

「불연기연」은 "노래하여 이르기를… 천고의 만물이여!"로 시작하는 유장한 문장으로, 종교 창도자의 글이라기보다 도가적 사유가 담긴 철학자의 심오한 대문장이다.

「불연기연」은 우주 생성의 원리와 그 변화를 서술한 수운의 통찰이 표명된 글이다. 그는 이 글의 시초에서 말하기를 예부터 있어온 만물은 각기 이루어짐이 있고 형상이 있어 본 것으로 논한다면 그렇고 그런 것 같으나 그 시초를 생각하면 멀고 아득하여 말하기 어렵다고 했다.

　부모가 있으니 내가 있고 내가 있으니 자손이 있겠으나 최초의 인간이 어디에서 나왔는가 생각하면 매우 어렵게 된다. 이같이 부모로부터 내가 난 것이 기연이라면 인간이 어디에서 나왔는가 하는 최초의 문제는 잘 알지 못하는 불연에 속하는 것이다.[3]

「불연기연」의 내용은 다음과 같다.

노래하기를… 천고의 만물이여, 각각 이룸이 있고 각각 형상이 있도다. 보는 바로 말하면 그렇고 그런듯하나 그부터 온 바를 헤아리면 멀고도 심히 멀도다. 이 또한 아득한 일이요 헤아리기 어려운 말이로다. 나의 나 된 것을 생각하면 부모가 이에 계시고, 뒤에 뒤 될 것을 생각하면 자손이 저기 있도다. 오는 세상에 견주면 이치가 나의 나 된 것을 생각함에 다름이 없고, 지난 세상에서 찾으면 의심컨대 사람으로서 사람된 것을 분간키 어렵도다.

　아! 이같이 헤아림이여. 그 그러함을 미루어보면 기연은 기연이나 그

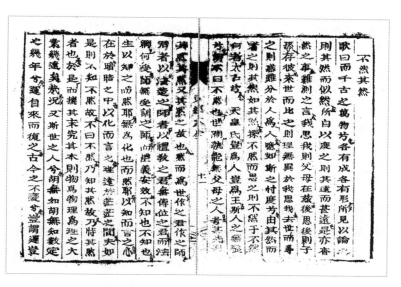

「불연기연」의 일부.

렇지 않음을 찾아서 생각하면 불연은 불연이라. 왜 그런가. 태고에 천황씨는 어떻게 사람이 되었으며 어떻게 임금이 되었는가. 이 사람의 근본이 없음이여, 어찌 불연이라고 이르지 않겠는가. 세상에 누가 부모 없는 사람이 있겠는가. 그 선조를 상고하면 그렇고 그렇고 또 그런 까닭이니라.

그렇게 세상이 되어서 임금을 내고 스승을 내었으니 임금은 법을 만들고 스승은 예를 가르쳤느니라. 임금은 맨 처음 자리를 전해준 임금이 없건마는 법강을 어디서 받았으며, 스승은 맨 처음 가르침을 받은 스승이 없건마는 예의를 어디서 본받았을까. 알지 못하고 알지 못할 일이로다. 나면서부터 알아서 그러함인가, 자연히 화해서 그러함인가. 나면서부터 알았다 할지라도 마음은 어두운 가운데 있고, 자연히 화했다 해도 이치는 아득한 사이에 있도다.

무릇 이와 같은즉 불연은 알지 못하므로 불연을 말하지 못하고, 기연은 알 수 있으므로 이에 기연을 믿는 것이라. 이에 그 끝을 헤아리고 그 근본을 캐어본즉 만물이 만물 되고 이치가 이치 된 큰일이 얼마나 먼 것이냐. 하물며 또한 이 세상 사람이여, 어찌하여 앎이 없는고, 어찌하여 앎이 없는고.

수가 정해진 지 몇 해런고, 운이 스스로 와서 회복되도다. 예와 이제가 변치 않음이여, 어찌 운이라 하며 어찌 회복이라 하는가. 만물의 불연이여, 헤어서 밝히고 기록하여 밝히리라. 사시의 차례가 있음이여, 어찌하여 그리되었으며 어찌하여 그리되었는고. 산 위에 물이 있음이여, 그것이 그럴 수 있으며 그것이 그럴 수 있는가. 갓난아기의 어리고 어림이여, 말은 못 해도 부모를 아는데 어찌하여 앎이 없는고. 어찌하여 앎이 없는고. 이 세상 사람이여, 어찌하여 앎이 없는고. 성인의 나심이여, 황하수가 천년에 한 번씩 맑아진다니 운이 스스로 와서 회복되는 것인가, 물이 스스로 알고 변하는 것인가. 밭 가는 소가 사람의 말을 들음이여, 마음이 있는 듯하며 앎이 있는 듯하도다. 힘으로써 족히 할 수 있음이여, 왜 고생을 하며 왜 죽는가. 가마귀 새끼가 도로 먹임이여, 저것도 또한 효도와 공경을 알고, 제비가 주인을 앎이여, 가난해도 또 돌아오고 가난해도 또 돌아오도다.

이러므로 기필키 어려운 것은 불연이요, 판단하기 쉬운 것은 기연이라. 먼 데를 캐어 견주어 생각하면 그렇지 않고 그렇지 않고 또 그렇지 않은 일이요, 조물자에 부쳐보면 그렇고 그렇고 또 그러한 이치인저.

## 3. 역사상 영웅의 조건

조동일 교수는 역사적으로 유명한 영웅들은 서로 다른 점이 많아도 근본적인 공통점이 있다고 한다. 그 공통점의 일곱 단계, 즉 영웅의 7 단계는 다음과 같다.

A. 고귀한 혈통을 지닌 인물이다.

B. 잉태나 출생이 비정상이다.

C. 범인과는 다른 초월한 능력을 타고난다.

D. 어려서 기아棄兒가 되어 죽을 고비에 이른다.

E. 구출·양육자를 만나서 죽을 고비에서 벗어난다.

F. 자라서 다시 위기에 부딪힌다.

G. 위기를 투쟁적으로 극복하고 승리자가 된다.[4]

이 7단계설에 최제우를 대입해보면 놀랍게도 딱 들어맞는다.

A. 고귀한 혈통이란 점에서 수운은 그의 조상이 뛰어나고 더욱 그 부친이 도덕문장을 갖춘 인물이라는 점에서 완전히 일치하고 있다.

B. 잉태나 출생 역시 몽중노소문답가에 나타난 바와 같이 그는 범인과는 다르게 태어났음을 노래했다.

C. 범인과 다른 비범한 능력은 역시 몽중노소문답가에서 10세에 만권시서를 독파했다는 점에서 유감없이 보여주고 있다.

D. 어려서의 기아가 된 일은 없으나 현실적으로 그가 서자였으며 가사에

서 초년의 고생을 노래한 것이 바로 이 부분과 일치하는 점이다.

E. 구출의 장場은 세사에 실패한 그에게 하느님이 나타나 초인적 능력을 부여한 것으로 이러한 구출이 이루어진 셈이다.

F. 자라서의 다시 위기를 만남은 득도 후 타인의 비방 바로 그것이다.

G. 위기의 극복은 그가 미래세계를 최상적으로 그린 데서 이루어진 것이라 할 수 있다.[5]

최제우의 생애를 역사상의 위인들과 비교하여 일치성을 찾은 정재호 교수는 "그것은 평범한 인간의 생애가 아니라 우리의 연면한 전통 속에 존재하는 위대한 인물의 생애와 일치하는 면을 지닌 주인공으로 묘사되어 있다"[6]라고 말한다.

최제우에게는 '좌잠座箴'이라는 좌우명이 있는데, '성실 · 경의 · 신뢰' 세 마디를 든다. 이를 통해 비범함을 보이고 동학을 창도하기에 이르렀다.

우리 도는 넓고도 간략하다
많은 말을 사용치 않는다
별달리 다른 도리도 없고
성경신誠敬信 석 자뿐
이 속에서 공부를 해서
투(통)철한 후 의당 알 것이다
잡념이 생기는 것을 겁내지 말고
오직 깨달음이 늦게 오는 것을 두려워하라.[7]

# 13. 포교 3년 만에 다시 체포되다

# 1. '호민'이 된 수운과 동학인들

조선시대는 엄격한 계급사회, 즉 반상체제 사회였다. 프랑스에서 1789년 혁명 당시 소수의 왕족·귀족·제1신분(성직자)의 특수계급과 절대다수의 농민·평민들로 나뉘었듯이 조선 사회도 소수의 양반과 다수의 상민으로 구성되었다.

"평민은 의복·가옥제도에 제한을 받음은 물론이요, 양반에 대해서는 빈부우현貧富愚賢의 구별 없이 존경을 드리지 아니치 못하며, 교자轎子도 승용치 못하며, 말을 타고 양반의 주택 부근을 지나지 못하며, 양반 앞에서는 담배를 피우지 못하며, 안경을 쓰지 못하며, 여사旅舍에서도 양반에게 말을 걸지 못하며, 좌석을 피하고 사양하며, 몸 펴고 쉬기까지 꺼리며, 길에서 말 탄 양반을 만나면 평민 기마객騎馬客은 말에서 내린다."[1]

"평민이 양반의 노여움을 건드리면 종을 보내 뜰에 묶어두고 채찍질하며 고문하고, 다섯 가지 형벌笞·杖·徒·流·死을 갖추어도 관청에서는 금지시킬 수 없고 보고서도 당연히 여겼다. 백성 중에 사대부를 욕보인 자가 있으면 관청에서는 귀양보내는 형률刑律에 비겨서 처리했고 심할 때는 사형에 처하기도 했다."[2]

"조선의 양반은 도처에서 군왕폭군의 행위를 하고 있다. 그들은 금전에 굶주리게 되면 상인과 농민을 붙잡아 들인다. 끌려온 자가 명령대로 거행하면 놓아주지만 그렇지 않은 경우에는 양반댁에 감금해두고 굶겨가며 요구한 금전을 바칠 때까지 채찍질한다. 불효불목 등 애매한 죄목을 덧붙여 사형私刑 등 (중략) 평민으로부터 논밭과 가옥을 매수하는 때에 십중팔구는 대가를 건네지 않는다. 그러나 여기에는 이 같은 도적행위를 제지할 만한 관헌이 한 사람도 없다."[3]

최제우는 이런 봉건제 사회에 도전해 "사람이 곧 한울이다"라는 사민평등사상을 제기하고 후천개벽의 새 시대를 열고자 했다. 수천 년 동안 관에 짓밟히고 양반에 시달려온 백성들이 차츰 눈을 뜨게 되고 그의 곁으로 몰려왔다. 그러나 여전히 기득권에 안주해온 양반 유생들은 외적의 침탈보다는 내부의 저항에 더 민감하게 대응했다.

'그들'은 이때나 그때나 외세에는 비굴하고 동족에게는 가혹하고 잔인하다. 외세에 빌붙어 기득권만 보장되면 얼마든지 민족·국가를 버리는 데 주저하지 않는다. 그 대신 동족을 희생양으로 삼는다. 뼛속까지 사대주의로 가득 찬 무리들이다.

사대부들이 있는 곳에는 평민을 침범하여 포악한 행위를 하나 그중에서도 가장 심한 것은 서원에 모여 있다. 하나의 서한을 내어서 먹으로 날인하여 군현에 보내서 서원의 제사에 필요한 경비를 바치도록 명한다.

사대부나 백성들이 그 서한을 받으면 반드시 주머니나 전대를 기울이고 풀어야 한다. 그렇지 않은 자는 서원으로 붙잡아 들여 혹독한 형벌로 위협한다. 화양동서원 같은 데는 권위가 더 대단해서 그 서한을 일러 「화양동묵패지<sup>華陽洞墨牌旨</sup>」라고 했다.

백성들은 탐욕스런 관리에게 괴로움을 받고 또다시 서원의 유자<sup>儒子</sup>에게 침범을 당해 모두 편안하게 살아가지 못하고 원한을 품고 이를 갈며 하늘만 우러를 뿐이었다.[4]


최제우는 백성들이 관청과 양반들의 가렴주구에 하늘만 우러르며 탄식할 때에 '사람이 곧 하늘'이라는 경천동지하는 신앙의 교리를 내걸고, 이것을 경전으로 삼아 백성들 곁으로 다가갔다. 그러자 유생들이 겁을 먹고 서원이 나서서 사문난적으로 몰고, 이들이 연대하여 관청에 발고하기에 이르렀다.

백성을 목민의 대상이 아니라 먹잇감으로 착취해온 관리들이, '먹잇감들'의 깨우침과 평등의식의 발현을 방관할 리 없었다. 언제나 압제자들은 피지배자들에게 우민화정책을 쓰고 가만히 있기를 바란다. 가만히 있으면 '가마니'가 되는 숙명을 안고 살아온 백성들 중에는 그러나 '가마니'가 되는 것을 거부하는 사람도 있었다. 고려시대 최충헌의 사노비 만적과 승려 묘청, 조선시대의 임꺽정과 각종 민란의 주모자들이 대표적인 이들이다. 문일평(1888~1939)은 「사상의 기인」이라는 글에서 "만일 조선사에서 반역아를 모조리 베어버린다면 발랄한 기혼氣魂이 그만큼 사라질 것이요, 따라서 뼈 없는 기록이 될 것이다"라고 했다.

「호민론豪民論」을 쓴 허균은 "천하에 두려워할 만한 자는 오직 백성 뿐이다. 백성은 물이나 불·범이나 표범보다 더 두렵다. 그런데도 윗자리에 있는 자들은 백성을 제멋대로 업신여기며 모질게 부려먹는다. 도대체 어째서 그러하는가"라고 묻는다.

허균은 민중을 '호민', '원민怨民', '항민恒民'의 세 갈래로 나눈다. 항민은 무식하고 천하여 자기의 권리나 이익을 주장할 의식이나 지식이 없는 우둔한 민중, 원민은 수탈당하는 처지를 알면서도 나약해서 행동에 나서지 않고 운명의 탓으로 돌리는 '운명론자'로 치부한다. 그러면서 '호민'은 다음과 같이 말한다.

호민은 어떠한가? 호민은 영웅적인 유형을 뜻한다. 시대의 사명을 스스로 깨달아서 남과 사회와 국가를 나와 관계지을 줄 알고, 자기가 받는 부당한 대우와 사회의 부조리에 도전하는 무리이다. 자기의 권익과 함께 남의 권익을 위해서 조직력·행동력 그리고 지도자로서의 자질을 갖추고 앞장서는 것이다.

이들은 비겁하지도 않고 나약하지도 않으며 자기를 지향하면서도 사회를 지향한다. 그들은 본질적으로 인간주의자이고 사회 속에 있으면서 그 사회질서를 밑바탕부터 파괴하려는 불순한 세력들에 저항하는 혁명가이다. 그러기에 호민은 잠적해 있다가 결정적인 때를 타서 그들의 혁명의지를 실현하고 원민을 선동한다. 이때에 원민은 호민의 좋은 협조자가

되며, 항민도 또한 그들을 따르는 세력이 된다.[5]

최제우는 '호민'이었다. 그의 설법을 듣고 찾아온 백성들은 차츰 호민으로 변했다. 유생 사대부와 관리들이 가장 두려워하는 호민이 점차 세를 형성하자 유생들에 이어 관청이 나섰다.

## 2. 철종 정부, 체포령을 내리다

조선왕조는 1800년 정조가 승하하면서 순조가 즉위했지만, 당시 순조의 나이가 열한 살이어서 영조의 비 정순왕후(대왕대비)가 수렴청정을 실시했다. 3년 뒤에 정순왕후가 죽고 나서는 순조의 장인인 김조순이 집권하면서 안동 김씨의 세도정치가 시작되었다. 순조에 이어 헌종과 철종으로 이어지는 임금은 하나같이 무능한 군주였다. 나라의 기강이 무너지고 쇠망의 나락으로 빠져들게 된 원인은 정조 이후에 군주다운 군주가 없었기 때문이기도 하다.

철종 13년(1862), 연초부터 전국 각지에서 민란이 일어난 데 이어 10월에는 다시 제주·함흥·광주에서 민란이 폭발했다. 철종 정부는 1863년 10월부터 최제우의 동학 탄압을 논의하고, 11월 20일 정운구를 선전관으로 임명하여 최제우 체포령을 내렸다. 이 무렵 최제우도 조정에서 자신을 체포하려고 한다는 이야기를 들었으나 몸을 피하지 않았다.

12월에 이르러 「팔절八節」의 구句를 지어 사람들이 남북으로부터 연이어왔다. 초열흘에 이르자 묵는 사람이 하루에 50~60명이 되었다. 이날 밤 선생께서 협실에 침소를 정하고, 등을 높이 밝히고 앉았는데, 앉아 있는 것이 편안하지 않고, 앉았다 섰다 하며 근심스러운 얼굴빛을 띠고 있었다.

이때에 선전관 정운구가 명을 받고 본부에 이르렀다. 전일前日에 경주 부안에 있던 도인이 와서 선생께 고하기를, "지금 저희들이 들으니, 조정에서 선생님을 해害하고자 논의하고 있다 하니 선생님께서는 피하시는 것이 좋을 듯합니다" 했다.

선생께서 말하기를, "도는 곧 나에게서 연유하여 나온 것이다. 그러니 차라리 내가 당해야지 어찌 제군들에게 미치게 하겠는가?" 하며, 그 말을 듣지 않았다.[6]

조정의 선전관 정운구가 명을 받고 최제우를 체포하기까지의 보고서가 『비변사등록備邊司謄錄』에 상세히 기록되어 있다. 비변사는 조선시대 변방경비를 위해 군국기무처를 관장하던 문무文武 합의기구이다. 임진왜란과 정유재란 이후 권한이 강화되어 군사에 관한 사무뿐만 아니라 일반 정무까지 비변사에서 의논·결정하게 되면서 의정부의 기능이 약화되었다. 『비변사등록』은 비변사에서 논의된 나라의 중요사항을 기록해놓은 책이다. 『비변사등록』의 철종 14년 12월 20일 자에 「선전관 정운구의 서계」가 실렸는데, 정운구가 최제우를 체포하러 가는 과정이 상세히 기록되어 있다.

신이 11월 20일 오시가량 내리신 전교傳敎 일도一度를 공손히 받들었으며 육천선전신표六天宣傳信標 1부와 육여이마패六餘二馬牌 1척을 제수받았다. 무예별감 양유풍과 장한익, 좌변 포도청 군관 이은식 등을 거느리고 경상도 경주 등지에 있는 동학의 괴수를 자세히 탐문하여 잡아 올리기 위해 바삐 성 밖으로 나왔다. 다음 날인 22일에 떠나 자취를 감추고 밤낮을 가리지 않고 달려갔다.

새재를 넘은 후부터 여러 가지로 탐색했으며 별도로 가려진 것을 찾아내려고 듣거나 본 것을 단서로 하여 말과 글자를 확인하면서 그 죄상을 밝히려 했다. 새재에서 경주까지는 400여 리가 되며 고을도 십 수 주군이었다. 동학에 대한 이야기는 거의 날마다 듣지 않은 날이 없었고 경주를 둘러싼 여러 고을에서는 더욱 동학에 대한 이야기가 심했다. 주막집 아낙네도 산골 초동도 주문을 외지 않는 이가 없었다. 위천주爲天主 또는 시천지侍天地, 侍天主라 하며 조금도 계면쩍게 여기지도 않으며 숨기려 하지도 않았다.

신은 감히 이 모든 사람이 그 학을 하는 것은 아니지만 이미 물든 지 오래여서 극성스러움을 가히 알 수 있었다. 이렇게 된 내력을 추구하고 도를 전한 스승을 물어보니 모두가 최 선생이라며 혼자 깨달아 얻었고 집은 경주에 있다고 했다. 이처럼 많은 사람이 떠드는 것이 한 사람이 말하는 것과 같았다.

그래서 신은 경주에 도착하는 날로부터 저잣거리나 절간 같은 곳에 드나들며 나무꾼이나 장사치들과 사귀어보았다. 어떤 이는 묻지도 않았는데 먼저 말을 꺼내기도 하고 어떤 이는 대답도 하기 전에 상세히 전해주기도 했다.

그들이 칭하는 최 선생이란 아명은 복술이요, 관명은 제우이며 집은

이 고을 현곡면 용담리에 있다 한다. 5~6년 전에 울산으로 이사 가서 무명白木 장사로 살았다 한다. 홀연히 근년에 고향으로 돌아온 후 때로는 사람들에게 다가가 도를 말했다. 이르기를 내가 하늘에 치성드리는 제사를 지내고 돌아오자 공중에서 책 한 권이 떨어지므로 이에 따라 학學을 받게 되었다고 한다.

## 3. 『비변사등록』에 나타난 체포과정

정운구의 「서계」에 따르면 동학이 민중들에게 얼마나 많이, 깊이 퍼져 있었는지 잘 알 수 있다. 그래서 염탐꾼을 용담에 보내어 정보를 캐내오기도 했다.

이 무렵 이곳 용담에 묵는 사람들은 하루에 50~60명이나 되었다. 수운 선생이 체포되던 12월 10일 새벽은 아직 상현달이 완연하지 못한, 그래서 어스름이 용담을 덮고 있는 어두운 새벽이었다. 그날 밤, 수운 선생은 홀로 좁은 방에 침소를 정했다. 등을 높이 밝히고, 좌정한 모습으로 지긋이 눈을 감은 채, 묵념에 잠겨 있는 모습은, 어쩌면 노기를 띤 것 같기도 하고, 어쩌면 편안한 상념에 잠긴 것 같기도 했다고 한다.[7]

정운구의 「서계」는 정부의 최제우에 대한 시각, 체포과정과 민심 등을 폭넓게 살필 수 있는 자료이다.

본래 사람들은 어떤 내용의 글인지 모르나 그는 단지 참된 도라고 한다.

학學에 이미 숙달되면 바로 사람을 가르친다. 대개 그 도를 처음 익힐 때에는 반드시 몸과 입을 먼저 깨끗이 하고 13자(초학 주문)를 받고 다음으로 8자(강령주문)를 받고 다시 13자(본주문)를 받는다 한다.

학을 원하는 사람에게는 화를 면하고 병이 떨어지고 신령이 접하게 된다는 등 설로 홀리고 권하는 말에 빠져들기 쉽다. 고로 설사 눈이 있어도 글자를 모르는 부녀자들이 마치 날뛰고 어지럽게 뒤섞여 밤낮을 가리지 않는다고 한다.

또한 약(선약)을 복용하는 법이 있는데 한번 그 약을 먹으면 마음이 그 학學에 아주 기울어져 다시는 정신 차리려고 하는 생각이 없어진다. 혹 약을 먹고 금기할 일에 조심하지 않으면 미친 증세가 대발하여 남의 눈을 빼먹거나 그도 죽게 된다고 한다.

매달 초하루와 보름에 돼지를 잡고 과일을 사서 깨끗하고 외딴 산속으로 들어가 제단을 차려놓고 하늘에 제사를 지내면서 강령주문을 외워 신령을 내리게 하는데 이번에 괴수 최가의 집에서 금년에도 여러 차례 모여서 강론을 했다 한다.

대개 초학 때에는 예물이란 이름으로 경중다과를 가리지 않고 선생에게 바친다 하며 전한 도가 통하여 깨닫게 되면 도를 학한 자는 그의 재산을 털어 선생에게 주는데 조금도 후회하거나 아까워하지 않는다 한다.

만일 중회에서 강도講道하는 자리를 갖게 되면 최가는 강령주문을 읽어 신령이 내리게 한 후 나무칼을 손에 쥐고 처음에는 꿇어앉았다가 일어나 나중에는 칼로 춤을 추며 한 길도 넘게 공중으로 떠올라 한참만에 내려오는 것을 눈으로 보았다는 사람도 있다고 한다.

작년에 최가가 잡혀 진영에 갇히자 며칠 만에 제자 수백 명이 와서 호소하기를, 그들의 학은 본래 백성과 풍속을 해치지 아니하니 속히 그들의 스승을 방면하라고 했다. 진영은 즉시 백방했다. 모였던 무리는 수백 명이었으나 모여서 의심스러운 흔적도 보이지 않았고 얽혀서 떳떳지 못한 일을 꾸민다는 말도 들리지 않았다.

물론 원근에서 학하러 오는 자의 내왕은 날로 늘어나 발길이 끊이지 않았다. 그리하여 서로 어울려 몰래 통하며 기세를 올리니 소위 도당은 불가함이 한둘이 아니므로 부득이 확실한 것만 벌려 기록한다.

위와 같이 전해 들은 여러 조항 중에는 황당한 내용도 있어 그대로 믿기가 어렵기 때문에 신은 이달 9일에 따로 양유풍과 신의 종자인 고영준 등을 곧바로 최복술이 살고 있는 곳으로 보내서 자세히 염탐해오게 했다.


## 4. 도인들 통해 행적 추적

「서계」는 처음부터 끝까지 이미 개명한 최제우의 이름 대신 아명인 '복술'이라 쓰고, 그의 행적을 샅샅이 기술했다.


돌아와 고하기를 최복술의 집 동구 근처에 이름 모를 장가라는 한 사람이 있었는데 길을 안내하여주었다. 그는 먼저 들어가 복술에게 만나기를 알린 후 나와서 사랑으로 안내하여 들어갔다. 고로 복술과 서로 인사하고 공손한 말로 학하기를 원했다.

복술은 조금도 꺼리거나 숨기는 것이 없이 흔연히 허락했다. 말하기를 낮에는 번거로워 짬이 없으니 먼저 점심 저녁을 드시고 유숙하면 오늘 밤에 가르침을 줄 수 있다고 했다.

자리를 두루 살펴보니 소위 제자들이 두 칸 방에 가득하며 뒤섞여 설명하고 주문 읽는 자가 있었다. 처음 와서 절하고 학學을 청하는 자도 있었다. 거의 30~40명이나 되었으며 어떤 이는 소매에서 건시 세 꼬지를 꺼내고 어떤 이는 요대를 풀어 전문 3~5냥을 꺼내 예물이라며 전해주기도 했다.

그중 한 제자는 학을 청하면서 이르기를 학할 때 주문을 소리내어 읽지 않고 속으로 읽으면 어떨는지 모르겠다고 했다. 복술이 말하기를 만약 마음으로만 읽고 입으로 읽지 않으려면 학하지 않는 것만 같지 않다고 했다.

그 제자가 남이 알까 꺼려서 소리내어 읽을 수 없다고 하자 복술은 그렇다면 학하지 않는 것이 좋겠다고 했다. 제자는 그 선약은 어찌 써야 하느냐고 묻자 복술은 정성스러운 마음을 갖지 않고 약을 먹으면 죽음을 면하지 못할 수도 있다고 했다. 제자는 다시는 한마디도 못 했다.

복술이 자리 앞에 쌓아놓은 육언구문六言句文은 마치 과거 때의 부賦와 같은 것으로 수십 장이요, 한 종이에 십여 구가 되었다. 붓을 들어 꼼꼼히 살피며 이르기를 무릇 나의 학은 이미 이루어졌으니 한울님밖에는 두려울 것이 없다 하며 여러 서책은 다만 동학을 높이 숭상할 줄 알게 하는 것이었다.

어찌 동학 이외에 다른 학이 없겠는가라며 매우 본뜻을 잃은 것이니 가합한 것이 하나도 없다고 했다. 그 속에서 한 권을 집어내면서 이르기를 이 서책은 동학의 본지에 매우 타당하여 일등에 뽑아놓는다고 했다.

그리고 한 서책을 왼쪽에 앉아 있는 제자에게 내보이면서 이르기를 이것은 내가 지은 것으로 이렇게 지은 연후에야 가히 본뜻에 타당하다 하리라고 했다. 벽상에도 또한 써 붙인 필적이 많은데 어떤 것은 범서梵書와 같은 자획이 있었다. 물론 서책과 걸어 놓은 필적을 살펴보고 그 글 뜻을 헤아려보니 무엇을 가리킨 것인지 전혀 알 수 없으나 오로지 그들의 학을 말한 것 같았다.

다시 청하여 보기를, 점심 저녁을 드시라 권하면서 자고 가라 하시며 붙잡는 뜻은 감사하지만 들으니 이 학을 학하려면 먼저 몸을 청결히 해야 한다는데 우리는 여러 날 오느라 피곤하여 깨끗하지 못한 것이 송구하고 잠자리 또한 아직 정하지 못했으니 몸을 깨끗이 하고 난 모레쯤에 학을 청하겠다고 했다.


## 5. 제자 23명과 함께 체포되다

정운구는 이처럼 비교적 상세하게 최제우의 체포과정을 보고하고 있다. 이때 최제우와 함께 있던 제자 23명도 체포되었다. 「서계」의 마지막 부분이다.

복술은 이르기를 그러하면 읍으로 가서 남문 밖 최자원과 이내겸을 찾아가 두 사람에게 내 말을 전하고 잠자리를 마련하게 되면 평안히 있게 될 것이다. 최는 나의 수제자이고 이李도 또한 친숙한 사이라 내 뜻을 알 것이니 차례로 찾아가보라고 했다.

대답하기를 이곳에 처음 왔으니 비록 주인의 말을 두 사람에게 전하여도 어긋날까 염려되니 주인의 필적을 하나 얻어가면 이·최를 만나는 자리에 믿을 물건으로 그만일 것이라 했다. 필적은 끝내 써주지 않았다. 다시 청하기를 모레 다시 오겠으나 비록 하루 이틀 사이지만 익힐 문자를 얻어가면 좋겠다고 했다. 복술이 말하기를 최자원을 찾아가서 물으면 학할 수 있을 것이라 했다.

곧 나와 동구로 돌아와 장가의 집에 가서 동학의 주문을 자세히 물으니 장가는 세 글귀를 불러주므로 등사하여 왔다. 신은 그 글을 받아보니 즉 13자로 된 두 글귀와 8자로 된 한 글귀였다. 이번에 따로 사람을 보내어 만나도 보고 문답한 조목을 비교해보았다. 앞서 전해 들은 사실과 단서에 비해 목격하지 못한 한두 가지 사실이 없지 않으나 대체로 맞아떨어져 의심할 여지가 없었다.

최복술은 동학의 괴수이므로 이미 단안을 내리고 신은 이날 밤 본부 진영의 교졸 30명을 몰래 발동시켰다. 양유풍·장한익·이은식 등이 이끌고 달빛 아래 20리를 달려가 밤중을 이용하여 바로 소굴을 쳐들어가게 했다. 양유풍이 먼저 앞으로 돌진했고 뒤이어 장졸들이 몸을 돌보지 않고 분발하여 복술을 포박해냈으며 또한 제자 23명도 결박했다.

신은 즉각 본주(경주)에서 어사출두를 선포하고 곧 본부관아에 들어가 먼저 복술의 조사에 착수, 생김새와 흉터를 기록한 다음 격식에 맞게끔 발에 쇠사슬을 채웠고 제자들도 부옥(府獄)에 엄히 가두고 곧 처분이 내리기를 공손히 기다렸다.

복술이 이른바 최자원과 이내겸 두 놈은 어사출두 전에 본부(府)에 비밀히 글을 띄워 잡아 가두라 했으며, 동구에서 길을 안내해준 장가도 같이 잡아들이라 했다. 최자원과 장가는 먼저 눈치채고 도망쳤으나 본부 진영에 엄히 명하여 기어이 체포했다.

이내겸은 이미 체포했으므로 조사하여 생김새와 흉터를 기록한 후 격식에 따라 발목에 쇠사슬을 채워서 복술과 함께 압송했다. 두 놈의 용모와 흉터를 기록한 것과 복술의 집에서 들추어낸 문건과 서찰과 서책 등 물건은 하나하나를 단단히 봉하여 서첩으로 만들어 이은식에게 봉정하도록 조치했다.

붙잡은 다음 수득한 문서 중에는 논학論學이란 한 책 속에는 복술이 동학 괴수가 된 근본이 갖추어 실려 있었다. 신은 곧 이제부터 다시 밤새워 되돌아가서 보고하려 한다.

전교에 이르기를 묘당廟堂에서 품의하여 처결하라 했다.

# 14. 41살에 '좌도난정' 죄목으로 순교

## 1. '서학 죄인'으로 두 번째 체포되다

최제우는 포덕 4년째인 1863년 12월 10일, 조정의 선전관 정운구의 지휘를 받은 중앙 관졸과 경주 부졸 30여 명에 의해 체포되었다. 그의 나이 41살 때이다. 조정에서 그에게 씌운 죄목은 유학, 즉 공자의 학學을 문란시킨 사문난적과, 서학이라는 사술로 어리석은 백성들을 기망했다는 것이었다.

동학이 성리학을 국교로 삼아온 조선의 '국책위반'인 사문난적의 죄를 지었다고 할 수는 있어도 '서학'이라는 죄목은 얼토당토않은 죄목이었다. 서학에 대항하고자 창도한 동학을 서학으로 치죄하는 것은 억지였다. 가톨릭 신부도 최제우가 서학으로 몰려 처형된 것은 모순이라고 말했다.

동학은 이를 창도한 최제우 자신의 주장에 의하면, 1860년(철종 11년)에 시작되었다. 그러나 동학은 곧 정부로부터 사학시邪學視되어 창시자인 최제우는 결국 1863년 관헌에 붙잡히어 이듬해 3월 대구에서 사형에 이르렀다.

제우는 이때 서학을 모방했다고 하여 서학의 혐의를 받고 사형되었다. 애당초 서학에 대항하기 위해 동학을 창도하게 되었다는 동기를 고려할 때 비록 정부의 처사이기는 할지라도 도리어 그가 배척하여 마지않던 서학으로 몰리어 처형되었다는 사실은 아이러니컬한 일이 아닐 수 없다.[1]

한참 잠을 자다 변을 당한 최제우와 제자들은 포졸들이 휘두른 방망이에 피투성이가 되었다. 그러나 이들은 저항하지 않았다. "정구룡이 장졸을 이끌고 이르러 갑자기 들이닥쳐 어명이라 하여 선생을 체포했다. 어명이라 하니 어쩌겠는가? 순순히 명을 받아 체포되니 그때의 광경은 말로 다 할 수가 없었다."[2] 이때에 박씨 부인과 맏아들 세정世貞도 포박되어 경주부로 끌려갔다.

## 2. 서울로 압송되던 중 철종 승하하다

최제우와 제자들을 불시에 체포한 관졸들은 이들을 역적처럼 취급했다. 모진 고문으로 피투성이가 된 이들을 끌고 가, 사람들이 많이 모인 곳에 '전시'했다. 동학을 하면 어떻게 되는지 보여주는 경고이자 본보기였다. 최제우의 모습은 참혹했다.

수운은 경주 (중략) 형산兄山 강변의 어떤 나무 밑에 얽매어 놓아두었는데 얼굴에는 전면이 피가 되어서 그 모양을 알 수 없으며 (중략) 체포된 신사(최수운)는 사다리의 한복판에 얽어매어 두 다리는 사다리 양편 대목에 갈라서 나누어 얽고, 두 팔은 뒷짐을 지웠고, 상투는 뒤로 풀어 사다리 간목間木에 칭칭 감고 얼굴은 하늘을 향하게 했다고 했다.[3]

최제우와, 제자 중에서는 이내겸만 서울로 압송하고 가족과 다른 제자들은 경주 관아에 수감되었다. 그러나 서울로 압송되던 중에 철종이 승하했다는 소식이 전해졌다. 이에 조정에서는 죄인을 환송하라고 명을 내렸다. 결국 과천에서 며칠 동안 머물다 다시 대구 감영에 갇혔다. 당시 최제우의 호송 과정이 『도원기서』에 구체적으로 기록되어 있다.

길 떠난 지 수일이 되어, 과천에 이르렀다. 그때가 12월 7일이다. 철종이 승하하여 임금이 바뀌고 이 사실이 각 도에 반포되었던 까닭으로 중도에서 며칠을 머물게 되었다. 선생께서 비로소 국상당함을 듣고 말하기를, "내가 비록 죄인이나 나라에 슬픈 일을 당했으니, 이는 불행한 일이다" 하여, 애통함을 그치지 않았다.

수일을 더 머무르니, 경상도 경주 동학선생이라는 죄인 최제우를 해당 영營에 보내어 문초하라는 전교가 내려졌다.

과천에서 다시 길을 떠나, 조령으로 길을 잡고, 문경 초곡에 이르니, 수백 도인이 점거하고 바라보며, 혹자는 불을 켜들고 이를 따르고, 혹자는 눈물을 머금고 이를 바라보았다. 이러한 지경에 이르니, 그 참을 수 없는 정이 마치 어린아이가 부모를 따르는 마음과 같지 않을 수 없었다.

이달 (12월) 29일에 마을 유곡리에 이르러 과세過歲를 하고, 갑자년(1864) 1월 6일에 대구영營에 이르러 옥에 갇히었다. 본부(경주부)에 있던 죄인들도 이곳 영의 감옥에 옮겨와 수감되었다. 상주목사 조영화로 명사관明査官을 삼았다. 이때 대구감사는 서헌순이었다. 이때에 비가 내려 그치지 않아 모든 것을 멈추고 물러나 있으면서, 장졸을 많이 내서 도인들의 출입을 막았다.

이때 최경상이 밖에 있다가, 선생께서 엄중히 갇혔다는 소식을 듣고 바쁘게 영덕 유상호에게 돈 백여 냥을 준비하게 하여 달려왔다. 뇌물을 써서 길을 얻어 성중城中에 들어가서 여러 방면으로 주선을 할 때에 마침 현풍 사람인 곽덕원을 만나, 선생의 진지상을 올린다는 말을 듣고는 하인으로 분장하여 진지상을 올렸다.

20일에 이르러 순찰사가 초치하여 물으니, 이때 선생께서 큰칼을 쓰고 정원에 들어왔다. 순찰사가 물어 말하기를,

"너는 어찌 당黨을 모아 풍속을 어지럽히는가?"

했다. 선생이 답해 말하기를,

"사람을 가르쳐 주문을 외게 하면 곧 약을 쓰지 않고도 스스로 효험이 있고, 아동들에게 권하여 글을 쓰게 하면 스스로 총명해집니다. 그런 까닭에 이것으로 업業을 삼아 세월을 보냈습니다. 그런데 풍속이 어찌 그렇게 되겠습니까?"

하니, 순찰사가 다시 아무것도 묻지 않고 하옥시키게 했다. 이때 최경상은 다른 사람을 통해 초치되었다는 말을 듣고, 그날로 김춘발과 함께 성을 빠져나가 도피했다.

2월에 이르러 순찰사가 선생을 초치하여 문정問呈할 때, 홀연히 벼락

치는 것 같은 소리가 있어 순찰사가 놀라 나졸에게 묻기를,

"곤장 아래에서 나는 소리가 어찌 그렇게 큰가?"

하니, 나졸이 고해 말하기를,

"죄인의 넓적다리가 부러졌습니다."

했다. 즉시 형리에게 하옥하도록 했다.[4]

조선시대의 형률은 가혹하기 이를 데 없었다. 특히 국사범들에게는 더욱 가혹했다. 당시 민란의 주모자나 그 가족, 천주교인 등은 수천 명이 참수당할 만큼 국사범들에게 자비란 없었다. 대구 감영에 압송된 최제우도 이들과 다를 바 없었다.

1864년 1월 6일(음력), 최제우와 이내겸을 대구 감영에 수감한 서헌순 대구감사는 상주목사 조영화, 지례현감 정기화, 산청현감 이기재와 함께 두 사람을 심문했다. 상주와 지례, 산청 등은 모두 동학의 세력이 강한 지역들이었다. 최제우와 동학이라면 누구보다 증오하던 이들은 최제우와 이내겸을 21차례에 걸쳐 혹독하게 심문했다. 고문으로 다리가 부러져도 고문과 심문은 계속되었다.


## 3. 대구 감영에서 남긴 '유시'

과천에서 대구로 환송하게 되기까지의 과정이 『비변사등록』에도 다음과 같이 기록되어 있다.

비변사에서 제의하기를, 선전관 정운구가 서면으로 보고한 경주의 동학

죄인 최복술 등의 사건에 대하여 묘당에서 제의하여 처결하게 하라는 지시가 있었다. 최가가 비록 두목이라 하나 도당이 이미 번성했으므로 응당 속속들이 밝혀내야 할 것이다. 거의 천 리나 되는 지역에서 염탐하고 체포하는 일이 계속된다면 연도가 소란스럽게 될 것이니 딱하다.

최복술 등 두 놈을 포청으로 하여금 본도(경상도)의 감영으로 하송시켜서 경주에 가두어둔 죄인들과 함께 하나하나 그 내력과 소행을 따져보고 경중을 가려 다시 보고하게끔 명령하는 것이 어떻겠는가 라고 했다. 대왕대비가 승인했다.[5]

최시형은 교조가 대구 감영에 수감되었다는 소식을 듣고, 포교를 멈추고 도인들을 찾아다니며 옥바라지 비용을 모으는 등 대책 마련을 서둘렀다. 소식을 들은 많은 동학도가 대구 성중으로 속속 모여들었다. 각 지역의 접주들이 중심이 되었다.

최시형은 현풍 출신 동학도 곽덕원을 대구 감영의 하인으로 분장시켜 교조에게 식사를 올리도록 했다. 이때 최제우는 곽덕원을 통해 최시형에게 빨리 이곳을 떠나라고 명한다.

경상(해월)이 지금 성중에 있는가. 머지않아 잡으러 갈 것이니 내 말을 전하여 고비원주高飛遠走하게 하라. 만일 잡히면 매우 위태롭게 될 것이다. 번거롭게 여기지 말고 내 말을 꼭 전하라.[6]

최제우는 이 자리에서 또 시 한 수를 읊으며 곽덕원에게 이를 동학도들에게 전하라고 했다. 사실상 최제우가 이 세상에서 마지막으로 남긴 유시遺詩이다.

> 등불이 물 위에 밝았으나 혐극이 없고, 기둥이 마른 것 같으나 힘은 남아
> 있도다.[7]

이 유시는 조정에서 자신을 죽이려고 없는 죄목을 만들어 씌우려
하지만 혐의를 잡지 못할 것이고, 결국 나는 그들의 손에 죽겠지만 내
가르침은 마른 기둥 같으나 그 힘은 영원히 남아 있을 것이라는 내용
을 담고 있다. 세계의 성자들은 "높은 이상, 초인적인 의지, 죽음까지
도 불사하는 신앙심"(황필호)으로 종교를 창도하고 진리를 설파하다가
당대의 권력에 의해 희생된다. 그러나 "기둥이 마른 것 같으나 힘이
남아 있다."

최제우와 동학에 극도로 적대적인 지방관들로 구성된 심문관들은
대구감사 서헌순의 명의로 조정에 장계를 올렸다. 최제우가 포교하
던 내용이나 『용담유사』 등에 대해서는 한마디도 언급하지 않고 사설
邪說을 퍼뜨려 민심을 현혹했다는 이유만을 담았다. 이 '장계狀啓'는 오
늘날로 말하면 검찰 기소장에 해당한다.

최제우를 죽이고 이후 동학의 '교조신원운동→복합상소→동학
혁명'으로 이어지는, 한국 근대사의 '관문'이 된 '장계'의 내용을 몇 단
락으로 나누어 살펴본다.

## 4. '토색하는 일은 없었다'

대구감사 서헌순이 장계로써 경주 동학 죄인 최복술(최제우) 등의 본말을 따지고 경중을 가려서 등문한 사안을 윤허했다. 참사관 상주목사 조영화, 지례현감 정기화, 산청현감 이기재는 최제우를 심문할 때 함께 참석해 철저하게 밝혀냈다.

최복술은 경주 백성으로 훈학을 업으로 하고 있었는데 양학이 나오고 있다는 소문을 들었다 한다. 양학이 세력을 떨치자 의관지류로서 차마 볼 수 없어 하늘을 공경하고 천리를 순종하는 마음으로 위천주고아정영세불망만사의라는 13자를 지었고, 이름을 동학이라 했는데 이것은 동국이라는 뜻을 담았다고 했다.

양학은 음이라 할 수 있는데 양이 음을 제어하려면 늘 13자 주문을 읽어야 된다고 한다. 그 아들이 감질로 앓게 되자 이 주문을 외워서 저절로 낫게 했다 하여, 풍증과 간질은 물론이고 병에 걸린 사람들에게 외우게 하면 곧 차도가 있었다고 한다. 또한 필법을 약간 알고 있는 사람이 혹시 글씨를 써달라고 하면 매번 구龜 자나 용龍 자를 써주었다고 한다.

병을 치료하려는 사람이 있으면 산에 들어가 제사를 지냈는데 소를 잡는 일은 없었다 한다. 잡병에 걸린 사람이 있으면 종이에 궁弓 자를 써서 불살라 마시도록 하면 차도가 있었다고 한다. 원근에서 온 사람이 있어 부득이 머물도록 허락하다보니 도당이란 이름이 생기게 되었다고 한다.

붓을 들면 신령이 내리고 칼춤을 추면 공중에 떠올랐다 하여 돈과 쌀을 토색하는 일은 애초부터 없었다 한다. 선생과 제자라는 호칭도 또한 그가 스스로 부른 것이 아니라 한다.

이러므로 사교와 달라 처음부터 숨기거나 꺼리지 않았다 한다. 퇴리 이내겸은 그 애비가 병에 차도가 없자 최가를 찾아갔는데 13자(주문)를 주면서 외우기를 권하므로 밤낮 외워보았으나 차도가 없어 바로 중단하고 나서 물리치는 글을 지었다 한다.

그때에 돌린 이른바 문서로는 포덕문과 수덕문이었고 주문은 "지기금지원위대강"이라 했고, 또한 "위천주고아정영세불망만사지"라 했으며, 칼 노래는 "용천검 드는칼을 아니쓰고 무엇하리"라는 것이었다.

입산하여 천제를 올릴 때에는 돼지고기와 떡, 국수, 과일을 차리는데 병을 낫게 하자는 뜻에서 나온 것이라 한다. 복술은 본래 글씨에 이름이나 있었으며 구·룡·상·운 등의 글자를 여러 사람에게 써주었다 한다. 이에 학부형들은 수고했다는 답례로 약간의 돈과 양식을 주었을 뿐이고 토색하는 일은 없었음이 사실이다.[8]


## 5. '검무 익혀 보국안민 공훈 세우면'

'장계'는 다음과 같이 계속된다.

종이사장인 강원보는 그가 풍담으로 누워 있을 때 주문을 외우면 빠졌던 머리칼도 다시 난다는 소문을 듣고 찾아갔다 하며 병이 다 나은 후에는 필요치 않아 외우기를 폐했으므로 더할 말이 없다고 했다. 박응환은 병이 생겨 최가를 찾아갔더니 성심을 다하여 한울님을 공경하고 사람이 지켜야 할 도리를 항상 돈독하게 한다면 병도 곧 나을 것이라고 했다.

그래서 기다려서 아침에 학을 받으라 하여 머물렀다가 붙잡혔으니 아뢸 것이 없다고 했다. 동몽 김의갑은 복술과 같은 한 동리에 살고 있었으므로 감히 되어진 일을 속이랴 하면서 복술의 아들 인득이 늘 나무칼을 가지고 춤을 추어 뛰어올랐으며 용천검 드는칼이라는 노래를 불렀다. 그것이 거짓임을 알게 되자 상종하지 않았다 한다.

잡류들이 모이면 적어도 30인은 되었고 뒷산에서 천제를 올리며 병이 낫기를 축원했다. 끝내 효험이 나타나지 않자 많은 이가 등을 돌려 가버렸다. 또한 최한은 출입이 빈번했는데 밤길을 나설 때에는 자주 횃불을 밝히게 되자 온 동리사람들이 꾸짖었다고 했다.

이정화는 오랫동안 병상에 누웠다가 최가를 찾아갔다. 위천주의 13자를 가르쳐주었고 부賦를 짓고 다음으로 운을 지어보라 하여 결국 부와 운을 짓자 복술이 받아썼다 하여 이날 밤 유숙하다가 같이 붙잡혔다고 한다.

동몽 최인득은 칼춤을 추었는데 이는 본심이 아니라 문득 광기가 발작하여 나무칼을 들고 혹은 춤추고 혹은 노래하니 그 노래는 시호시호라는 곡이었다. 이를 익히려면 먼저 하늘에 제사를 올려야 한다 했다.

복술을 다시 문초하니 경신년에 서양이 먼저 중국을 점령하고 다음으로 우리나라에 나오려 한다는 말을 듣자 반란이 있을 것을 예측할 수 없었다 한다.

그래서 13자 주문을 지어 사람을 가르쳐서 그들을 제압하려 했고 하늘에 제사 지내는 일에 정성을 다했으므로 사태가 불리할 것이 없다고 했다. 서양의 글은 반드시 규 자로 이름하고 있으니 규 자는 활 궁 밑에 두 점이 들어 있기에 불살라 마시면 액막이가 될 수 있다고 했다.

초학初學 시에 신령이 통하여 몸이 떨리더니 하루는 하느님이 가르쳐 주기를 근일 바다를 왕래하는 선박은 모두 서양인이다, 검무가 아니면 이를 제압할 수 없다고 하여 검가 한편을 주었다. 글은 과연 부와 창으로 지었다 하여 이 일은 더 아뢸 것이 없다고 했다.

내겸을 다시 문초하니 복술의 이른바 검가는 "시호시호 이내시호 부재래지 시호로다 / 만세일지 장부로서 오만년지 시호로다 / 용천검 드는칼을 아니쓰고 무엇하리 / 무수장삼 떨쳐입고 이칼저칼 넌즛들어 / 호호망망 넓은천지 일신으로 비껴서서 / 칼노래 한곡조를 시호시호 불러내니 / 용천검 날랜칼은 일월을 희롱하고 / 게으른 무수장삼 우주에 덮여있네 / 만고명장 어디있나 장부당전 무장사라 / 좋을시고 좋을시고 이내신명 좋을시고"라 했다.

아울러 신선의 약이란 것은 궁弓 자의 반자 뜻을 취하여 종이에 그린 것이다. 두 궁 자로도 된 지방을 풀이하기를 그 이름은 태극이요 다른 이름은 궁궁이라 했다. 소위 대강 여덟 자를 외우면 몸이 떨린다고 하여 들은 것을 모두 고한다고 했다.

조상빈은 복술을 만나보니 한울님이 내려와 정녕 나에게 가르침을 주었다고 했으며 이르기를 금년 2월과 5월 사이에 서양 사람이 용만龍灣으로부터 나오게 되면 나의 통문을 기다렸다가 일제히 뒤따라 나서라 했다. 이 검무를 익힌 이들이 보국안민의 공훈을 세우게 되면 나는 고관이 되고 너희들도 각기 다음 자리를 맡게 되리라 했다.[9]

## 6. '거괴 체포했으니 처분 있기를'

'장계'는 계속 이어진다.

정화를 다시 문초하니 그는 복술이 천제를 행할 때에 강령주문을 외웠는데 복술은 칼도 휘두르고 글씨도 잘 썼으며 병이 속히 낫도록 빌어 여귀는 달아나고 학신은 도망가게 했다 한다. 이른바 선약이란 두 활 궁 자를 종이에 써서 혹은 불에 살라 마시고 혹은 씹어서 삼키게 했다 한다.

복술은 궁궁에 대해 풀이하기를 임진년(1592)과 임신년(1632)에는 이재 송송 이재가가라는 말이 있었으나 갑자년(1864)에는 이재궁궁利在弓弓이므로 궁 자를 써서 불에 태워 마시면 제압할 수 있다고 했다.

복술을 세 번째로 문초하니 서양인이 나오면 사특한 마귀의 가르침에 속임을 당할 것이니 갑자년에는 전해진 말처럼 이재궁궁해야 한다 했다. 이른바 귀마(하느님)가 와서 정녕 일러 말하기를 계해년(1863) 12월 19일에 서양인이 나오므로 갑자년 정월이면 소문이 있을 것이라 했고, 계해년(1863) 10월에는 너는 하양河陽 현감이 되며 12월에는 이조판서가 될 것이라 했다 한다.

칼춤은 역시 마(하느님)가 시킨 것이요 필법은 접신 후에 더욱 뛰어났으며 원하는 사람이 많아 종종 써서 주었다 한다. 하루에 수백 리씩 간다는 말이 있으나 평소 걸음이 더디어 수십 리만 가도 발이 부르튼다고 했다.

교자를 타고 나다닌다는 설은 마침 작년에 신령, 영천을 내왕한 일이 있어서 그렇게 됐다고 했다.

일월산에서 소동이 났다는 설은 어떤 사람이 입산하여 천제를 지낸 일이 그리되었다고 하며 그는 들어가지 않았으므로 더 할 말이 없다고 했다.

내겸을 세 번째로 문초하니 일월산의 설은 영양 진보 사람이 산밑에 막을 치고 모여 학을 익힌 것을 말한 것이라고 했다. 복술이 입산했다는 말은 듣지 못했다고 했다. 동몽 성일규는 칼춤을 시험 삼아 배울 때에 처음에는 몸이 떨리는 듯했으나 끝내 공중으로 떠오르는 조짐은 없었다고 한다.

복술을 네 번째로 심문하니 옥편 등의 글자 해석에 규 자를 도경道經이라 했으므로 서학은 이 도경의 종류와 같은 것이라 멋대로 추측하여 그 이익됨이 규 자에 있다고 하여 그것을 취했으며 궁 자 밑에 점이 둘이 있으므로 곧 궁궁이 되는 것이라 했다.

계해년 12월 19일을 기한으로 하여 소식이 없게 되면 학하는 무리들이 알참이 없다고 인정하지 않을까 두려워 갑자년 10월 11일로 바꾸었다 한다. 만일 10월이 지나면 학할 뜻을 그만두고 서로 맹약하여 전량錢糧과 갑병甲兵 등의 일을 마련하여 서양 도둑이 나오면 주문과 검무를 가지고 막을 것이며 천신의 도움으로 적장을 잡도록 준비하라 했다.

원보를 다시 문초하니 복술이 이르기를 서양 도둑은 화공을 잘하니 갑병으로 대적할 것이 아니라 오직 동학이라야 그들을 진멸할 것이라 했으며 또 말하기를 서양인은 일본으로 들어가 천주당을 세우고 우리나라로 나와 또한 이 당을 세울 것이니 내가 마땅히 초멸할 것이라 했다.

정화를 다시 문초하니 최한이 말하기를 나무칼은 쇠칼보다 이로우니 양인의 눈을 현혹시키면 보검으로 알 것이니 비록 단단한 갑옷과 날카로운 병기로도 감히 우리에게 근접하지 못할 것이라 했다. 최가와 가장 친

한 수제자라 칭하는 자는 곧 최자원·강원보·백원수·최신오·최경오 등이라 한다.

백원수의 머슴인 김인찬은 동학의 주문을 외우다가 돌연 광기가 발하여 어린 아들 용성에게 강령 집필케 했더니 대서하기를 인찬은 대장이 되고 용성은 중군이 되고 강원보는 훈도가 된다고 하여 곧 머슴을 쫓아냈다고 한다. 모두를 대질하여 문초를 받아 이번의 요학한 무리를 철저히 들춰냈었다.

복술은 본시 요망한 종류로서 감히 속임수를 품고 주문을 지어 위천주爲天主의 요언지설을 퍼뜨려 사람들을 부추겼으며 서양을 배척한다며 오히려 사학을 도습하여 포덕의 글을 꾸며 음으로 불순한 생각을 꾀했다.

궁약弓藥을 비방이라 하여 칼춤과 검가를 퍼뜨려 흉악한 노래로 태평한 세상이 난리를 걱정토록 하여 남몰래 무리를 지었다.

움직이면 귀신天神이 가르침을 내렸다 하니 그 술책은 하내풍각河內風角이요 모두가 그에게 돈과 양곡을 바치니 후한의 미적米賊이요, 엄한 법三尺莫嚴이 통치 않으니 조금이라도 허용하기 어렵다. 원보 등도 함께 범했으니 용서할 수 없는 죄목이다. 정석교 등도 역시 중하게 처분해야 할 것이고 전석문 등도 아울러 진장眞贓이 없는가를 합당하게 참작해야 할 것이다.

다행히도 거괴를 체포하여 소굴과 뿌리를 완전히 드러내어 차례대로 열거하여 등문登聞하오니 처분이 내리기를 공손히 기다리겠다. 장경서 등은 꾸짖어 깨우치도록 엄히 훈계해야 한다 했다. 교지가 있기를 품하니 동조東朝에서 처분이 있기를 바란다.[10]

## 7. 41살에 효수형으로 순교하다

조정은 최제우에게 '좌도난정률左道亂正律'을 적용했다. '좌도'란 유교의 종지宗旨에 어긋나는 다른 종교를 이르는 말이다. 조선왕조는 주자학 이외의 모든 학문과 사상, 종교를 '좌도'로 몰았다. 곧 '좌도난정'이란 조선 시대 유교儒敎 이외에 도교나 불교 따위의 다른 종교로써 유교의 가르침과 법도를 어지럽히는 행위를 하여 백성들을 현혹하거나 나라의 정치를 문란케 하는 일을 뜻한다. 그러니까 최제우는 좌도를 통해 국가를 어지럽힌, 시쳇말로 '좌파반국가사범'쯤에 해당한다.

1864년 2월 29일, 조정은 이처럼 최제우를 좌도난정률로 단죄하면서 "동학 괴수 최제우는 사술로써 질병을 고친다 하고 주문으로써 국가 민족을 기만했으며 검가(검결)로써 국정을 모반했음으로 의당 처형하라"라고 판결했다.

그것도 국왕의 승하 기간이어서 대왕대비가 묘당廟堂에서 품하여 처리하라는 명에 따라 효수형이 결정되었다. "동학은 서양의 요사한 가르침을 그대로 옮겨 이름만 바꾼 데 지나지 않는다. 세상을 헷갈리고 어지럽혔으니 속히 엄벌을 내리지 않으면 나라의 법을 세울 수가 없다. (중략) 최복술은 효수하여 경종하고, 강원보·최자원은 엄형 2차 후 절도에 정배 보내 종신케 하고, 이내겸·이정화·박창욱·박응환·조상빈·조상식·정석교·백원수는 엄형 2차 후 원지에 정배 보내고, 신덕훈·성일규는 엄형 1차 후 정배 보내고, 나머지 죄수들은 도신道臣(경상감사)이 처리하라."[11]

갑자년(1864) 3월 10일, 조정으로부터 효수하라는 명을 받은 대구 감영은 남문 밖 아미산 아래 관덕점 앞에서 형을 집행했다. 수운 대선사는 41살에 순도함으로써 동학(천도교)의 첫 순교자가 되었다. 이때는 고종이 취임하던 첫해였다.

최제우와 같이 잡혔던 이들은 귀양을 가거나 옥사했고, 몇몇은 풀려났다. 최제우의 시신은 최제우의 자식과 제자들이 수습했다. 대구에서 용담까지 최제우의 시신을 옮기던 제자들은 혹시나 스승이 되살아나지 않을까 기대했지만, 그런 기적은 일어나지 않았다. 최제우의 시신은 고향 땅 용담의 서쪽 언덕에 묻혔다.

사흘이 지난 뒤에 순찰사가 선생의 처자를 불러 즉시 방면하여 시신을 거두도록 분부했다.

그때 염습歛襲을 한 사람은 김경숙·김경필·정용서·곽덕원·임익서·상주인 김덕원 등이다. 그 여타 죄인은 각기 각 도와 각 읍으로 정배되었다. 백사길·강원보·이내겸·최병철·이경화·성일구·조상빈 형제, 박명중 숙질, 신영新寧 사람인 정생丁生(이름은 미상) 등이 이들이다.

그 나머지 방면된 사람은 이민순·박춘화이며, 영해 사람인 박생朴生(이름은 미상)·박명여는 그때 옥사했다.

선생의 큰아들 세정이 김경필·김경숙·김덕원으로 하여금 장차 관柩을 옮기려 하는데, 슬프고 슬프구나, 이 지경을 어찌 말로 하겠는가. 발행發行하여 자인현 서쪽 뒤 연못가 주점에 이르니, 날이 뉘엿뉘엿 저물어가고 있었다. 주인께 하루 묵어가기를 청하니 주인이 묻기를,

"어디에서 오시는 길입니까?"

했다. 세정이 말하기를,

동학을 창도하고 1864년 3월 10일 순도한 수운 최제우.

"대구에서부터 옵니다."

하니, 주인이 그 사실을 알고 한편으로는 기뻐하고 한편으로는 비통해하며 방 가운데로 시신을 들게 하고, 다른 행객은 한 사람도 받지 않았다.

시체에 따뜻한 기운이 있어, 혹시 요행히 회생을 할까 하여, 사흘 동안 영험이 있기를 기다려, 시신을 지키며 머물렀다. 쌍무지개가 연못에서 일어나 하늘로 이어졌고, 하늘에 구름과 안개가 일어 연못을 둘러싸고 집을 둘러싸, 오색영롱함이 사흘이나 가리고 있었다. 선생께서 상천上天하여 구름과 무지개가 걷히고, 그 뒤 시신에서 냄새가 나기 시작하여 다시 염습을 했다.

다음 날 길을 떠나 용담에 이르니, 선생의 장조카 맹륜이 뒤따라와 용담 서쪽 언덕에 안장했다.[12]

최시형은 교조가 옥중에서 내린 명에 따라 멀리 피하여 체포되지 않아 화를 면할 수 있었다.

# 15. 교조 순도 이후의 동학

## 1. 수운이 뿌린 씨앗

수운 최제우는 비록 짧은 생애를 살았지만 사회개혁가이자 종교 창도자로서 큰 역할을 했다. 정치혁명이나 사회개혁은 주도자가 사망하면 대개 반대세력에 의해 반동화되거나 혁명과 개혁이 정체된다. 그러나 이와 달리 역사적으로 종교 창도자는 순교의 핏값이 더욱 강하게 이어진다.

"수운 최제우가 동학의 창도로 뿌린 씨앗은 그가 대구 장대에서 순도했으나 결코 죽지 않고 힘찬 개화기와 광복운동, 근대적 민족주의 운동의 정신으로써 민족의 생명력으로 근대화를 밑받침하는 민족주의적 원동력이 되었다."[1]

"수운은 그 자신의 도를 '천도' 또는 수심정기守心正氣와 성誠·경敬·신信

에 두었으며 수도의 절차는 청수 즉 맑은 냉수를 책상에 모시고 하늘에 고하여 주문을 외고, 아침 저녁과 집을 출입할 때에는 고천告天(기도)을 올리도록 하고 계율로는 무악無惡·무탐無貪·무음無淫을 내세웠다. 결국 그의 가르침은 인간을 성실과 존경과 신의가 있는 새 사회를 건설하여 이른바 지상천국을 이룩하자는 부르짖음이었다."[2]

수운이 살았던 19세기 중엽 조선 사회는 심각한 위기상황을 맞고 있었다. 소수 지배계급의 국정농단과 적폐로 내적 붕괴과정이 빨라지고, 양반과 유생들은 여전히 전통적인 화이관華夷觀에 빠져 있었다. 서세동점에 따라 외세의 침탈은 날이 갈수록 심해졌다.

이런 시기에 수운은 전통 유학에 도전하고, 서세에 대응하여 동학을 창도하면서 민중을 깨우치며, 민족적인 자아 회복과 주체성 정립을 위해 나섰다가 사문난적과 서학을 퍼뜨린 주범으로 몰려 참변을 당했다. 이는 조선 사회의 시대적인 모순을 극명하게 드러내는 사건이었다.

수운이 동학을 세운 1860년은 대한제국이 국치(1910)를 당하기 정확히 50년 전이다. 그가 사형당한 뒤 병인양요(1866), 신미양요(1871), 운요호 사건(1874)과 강화도조약(1875)이 이어지며 개문납적開門納賊의 변이 시작되었다. 역사에서 '만약'이라는 가정이 부질없다지만 1860년 수운의 기원을 지배세력이 수용했다면 국치를 면했을지 모른다.

수운이 「검결」을 짓고 칼 노래를 부른 것을 두고 지배집단은 '반역'으로 다스리고, 끝내 그를 목을 졸라 죽였다. 지배집단과 관리들이 하지 못한 개혁(개벽)을 종교인이 나섰다가 목숨을 잃고 여러 제자도

참변을 당했다.

그러나 수운이 뿌린 동학의 싹은 모진 탄압에도 생명력을 잃지 않았다. 도통은 해월 최시형에게 이어졌다. 동학정신은 민중의 가슴에 뜨거운 주체성을 심어주어, 백성들이 반만년 주종主從 관계의 수직적 신분의식을 떨치고 일어나도록 했다. 그들의 힘은 동학농민혁명, 복합상소와 교조신원운동, 의병투쟁을 이끌었고, 마침내 기미년 3·1 혁명으로 폭발했다.

우리 근현대사의 거대한 민주적 변혁운동의 중심에는 동학의 교주 세 명이 제시한 가치들이 놓여 있다. 수운 최제우의 '시천주侍天主 사상', 해월 최시형의 '사인여천事人如天 사상', 의암 손병희의 '인내천人乃天 사상'이다. 이 사상들은 하나의 맥을 이루고, 이는 또한 '동학농민혁명→3·1 혁명→민주공화제'로 이어지고 현대의 인권사상으로 맥이 이어졌다.

수운의 시천주는 주체적인 자아, 곧 백성이 주인이 되는 후천개벽의 새시대상론을 제시했다. 다른 종교 창도자들이 내세론과 윤회설을 내세운 데 비해 수운은 '광제창생, 제폭구민, 보국안민' 등 현세론을 제기했다. 이를 위하여 개개인이 주체성을 갖고 후천개벽을 통해 지상천국을 이룩하자고 주장했다.

동학은 내세보다는 현세를 위주로 하고 사후의 천당이나 극락이 아니라 한울 사람으로 자아를 완성하고 지상신선, 지상천국 건설을 목표로 하는 종교이기 때문에 누구보다도 현실을 바르게 보고 해야 할 일을 바르게 하여 적극적인 생활을 하도록 하고 있다.[3]

이러한 동학의 '현세성'은 기득권 세력에 대한 도전으로 받아들여지고, 곧 참담한 보복으로 이어졌다. 그러나 동학을 창도한 수운이 추구한 후천개벽의 '현세성'은 특정 세력을 배제하는 것이 아니라 더불어 사는 공존공생이었다.

수운의 무극대도를 갈망하던 가장 큰 원인은 보국안민과 광제창생이었다. 이것으로 미루어 수운이 원하는 사회는 외부의 침략이 없는 태평성대 속에서 양반과 상민, 적자와 서자의 구별도 없고 병고도 없는, 백성이 항상 편안한 사회였다. 시천주 신앙에 의해서 하늘 뜻에 순종하고, 하늘을 공경하고, 이웃을 공경하고, 도성입덕道成入德하여 모두가 현인군자 되어 이 땅 위에서 신선이 되는 사회를 꿈꾸었을 것이다.[4]

## 2. 민족주의 사상의 근원

동학을 창도한 수운의 생애는 그 자체가 19세기 조선의 역사적 체험을 통해 전환기적·세기말적 고뇌를 전형적으로 체현하고 있었다. 사상사적으로 볼 때 수운의 생애와 그의 동학사상은 낡은 왕조문명에 종언을 고하고 무너져가는 동아시아 질서, 이른바 '천하'에 대치할 수 있는 새로운 가치관 보국안민책의 모색이었다.

그 점에서 최수운은 서구문명의 침투와 근대적 민족국가 형성을 위한 사상운동의 시대적 과제를 선각자로서 고민했고 '보국안민 포덕천하 광제창생'의 슬로건을 통해서 낡은 지배층인 양반에 대치할 수 있는 '보국의 주체'로서의 과제를 아래로부터 널리 민중의 것으로 만들었고 '시천주' 사상을 통해 소외되었던 민중들을 내면적으로 '한울님을 모신' '군자君子'로 거듭 탄생케 한 것이다.[5]

수운은 조선왕조 500년 동안 유학 일변도의 척박한 풍토에서 '양반에 대치할 수 있는' 세력으로 민중을 내세우고 각성시켰다. 차츰 각성된 민중은 주체성을 갖게 되고 나아가 민족의식으로 발현되었다. 수운으로 인하여 근대적 민족주의 사상이 움트게 된 것이다.

한말 외세의 침탈로 나라가 온통 위기에 내몰리고 있을 때 조정과 유생들의 대처방식은 종주국(청국)에 의존하는 길 이외의 방법을 찾지 못했다. 그런데 중국이 아편전쟁으로 서양 제국에 의해 몇 갈래로 찢기고 붕괴 과정에 이르자 아연실색한 채, 천주교 탄압 외에 이렇다 할 방책을 강구하지 못했다. 조선 사회는 외교력과 사상이 부재하는 황무지 상태에 빠졌다. 그 무렵에 나타난 것이 동학사상이다.

근대 한국사상에 대한 관심은 동학을 떠나서 생각할 수 없게 되었다. 이것은 한국사상의 연구에 있어서 근대 사회의 전환기를 앞두고 표출된 동학사상을 도외시하고는 성립시키기 어렵기 때문이다. 또한 그것은 동학사상이 한국사상이 오랜 옛날부터 지녀온 전통적인 사상과 외래의 여러 사상을 접하는 가운데 이를 전승 내지 포용하고 더욱 창조적인 지양을 보여줌으로써 동학사상이 곧 근대 한국의 민족사상을 대표하는 위치에 있다고 보기 때문이다. 동학사상은 한국의 근대화 과정에서 줄기차게 영향력을 나타내왔다는 데서 많은 관심의 초점이 되지 않을 수 없었다.[6]

수운이 남긴 한국사상 중 대표적인 줄기는 민족주의 사상이다. 민족을 혈연·역사·언어·풍속의 운명공동체라고 간단히 정의한다면, 한민족은 오랜 역사에서 늘 주변 강대국으로부터 침략을 받아온 관계로 한말에 민족의식이 강화되고, 그 중심에 수운과 동학이 자리 잡았다. 민족의 상부구조인 왕조와 지배집단이 무능하고 부패해 공동체가 위기에 놓이면서 수운이 민중들의 민족의식을 일깨운 것이다.

수운에 의해 창도된 동학은 출발부터 이러한 대내외의 도전에 대응할 유일한 세력을 민중으로 정한다. 따라서 그들의 활동은 자연 민족운동을 수반할 수밖에 없었다. 그리고 수운의 이러한 시도는 조선 민중에게 최초로 "왜 내가 세상의 주인인지"를 체계적으로 인식하게 한 것이었다.[7]

한국에서 민족의식의 발로는 대체로 당唐을 구축하기 위해 고구려 유민들이 신라와 연합한 것을 필두로 고려인들의 대몽항쟁, 조선 중기 임진왜란과 병자호란 시기의 저항 등으로 이어졌다. 아직 민족이나 민족주의라는 용어가 쓰이지는 않았으나 공동체 의식은 살아 있었다. "사람들의 입에 오르내리는 '민족'이란 말은 1900년 이후에 만들어진 것으로 보는 시각이 유력하다. 노태돈은 '추측건대 19세기 후반에 일본인들이 서구의 네이션이란 개념을 번역하여 만든 조어'로 짐작해본다."[8]

수운의 일련의 포교활동과 동학 가사에는 민중의 각성과 함께 외세의 침략에 저항하는 민족의식이 깔려 있다. 바로 '보국안민輔國安民'의 사상이다.

보국안민의 보輔 자는 덧방나무 '보' 자로 구르는 수레바퀴가 옆으로 빠지지 않고 바큇살에 힘이 가해지도록 바퀴의 양 가운데에 끼어 있는 나무토막을 말한다. 즉 보국은 국가를 무조건 돕자는 의미가 아니라 잘못된 것을 바로잡아 돕자는 말이다. 1890년 이후 간혹 안보 '保' 자를 쓰기도 하나 수운이나 경전에는 모두 덧방나무 '보' 자만을 쓰고 있다.[9]

수운이 뿌린 근대 민족주의의 씨앗은 전봉준의 반외세 반봉건, 척왜척양의 동학농민혁명으로 발화되고, 이 불꽃은 '의병→3·1 혁명→독립운동'으로 면면이 이어졌다.

"동학의 보국안민사상은 우리나라에 있어 근대적 민족주의 의식의 선구자적인 자각이었다. 따라서 척왜척화와 척양을 외친 것이다. 이같이 외세의 침략을 배격하는 데서 민족의식이 싹트고 보국안민을 부르짖게 되어 여기에서 동학의 민족주의는 출발하고 있었다. 따라서 보국안민사상은 조선왕조 해체기에 사회에서 소외되었던 민중으로 하여금 외세의 침략을 물리치는 데 앞장서게 했다."[10]

"정치사적으로 근대의 민족주의를 척사위정론, 개화사상 그리고 동학에서 찾는 경우, 척사위정과 개화사상은 각기 반외세와 반봉건에만 치중한 반면, 동학은 '보국안민'이란 기치 아래 반외세·반봉건에 동시에 주목했다는 특징이 지적될 수 있다. 다시 말해서 근대 민족주의의 과제를 반외세·반봉건이라고 했을 때 척사위정론은 반봉건을 등한시한 채 반외세에만 치중했기 때문에 불완전한 민족주의였다면, 동학은 반봉건과 반외세라는 근대 민족주의의 과제를 모두 의식하고 있었기 때문에 척사위정론이나 개화사상보다는 좀 더 완전한 민족주의였다고 할 수 있다."[11]

## 3. 최시형, 수운 전기와 동학 경전 간행

수운의 순도와 많은 제자와 도인들의 희생, 그리고 동학에 대한 정부의 혹독한 탄압 속에서도 해월 최시형은 잠행을 계속하면서 도통을 잇고 포교활동을 멈추지 않았다. 그는 수운이 동학의 도통을 살리고자 옥중에서 보낸 "머지않아 잡으러 갈 것이니 내 말을 전하여 고비원주高飛遠走하게 하라"라는 밀지에 따라 멀리 피신하여 살아남을 수 있었다. 이후 스승의 말과 기록을 취합하여 동학의 경전을 편찬했다. 수운의 생각을 누구나 읽을 수 있도록 책으로 펴낸 것은 최시형의 큰 업적이라 할 수 있다.

기실 해월의 치적은 크게 보아 수운의 동학사상을 계승하면서도 그 사상을 해석하고 또한 그 의미를 실천으로 확장시켰다는 점에서 높이 평가할 수 있다. 그런데 그러한 변화·발전의 배경은 수운 생각의 원래의 뜻을 집대성한 것에 머물지 않고 한 걸음 더 나아가 편집하고 활자화한 것에 놓여 있다고 하겠다.[12]

해월은 관리들에게 쫓겨 전국 각지로 도망 다니면서도 스승의 각종 자료를 수집하고, 이 자료들을 모아 책으로 펴냈다. 1879년 10월, 강원도 인제군 갑둔리 방시학의 집에서 수운의 전기를 서술한 『최선생문집 도원기서』를 펴낸 것을 시작으로, 1880년 5~6월에는 인제군 갑둔리 김현수의 집에서 『동경대전東經大典』을 간행했다.

최시형은 5월 9일 갑둔리에 경전인간소經典印刊所를 설치하고, 6월 14일에 완간했다. 『동경대전東經大典』에는 수운이 1861년 전북 남원 은적암에서 지은 「포덕문」과 1861년 같은 곳에서 저술한 「논학문」, 1862년 연초에 제자들을 생각하면서 쓴 「권학가」 등을 비롯해 용담정으로 돌아온 뒤에 쓴 「불연기연」, 「탄도유심급」 등을 실었다. 모두 한자로 쓰였던 글이고, 간행할 때에도 원래 글을 그대로 실었다.

수운은 『용담유사』에 실린 각종 가사는 한글로 짓고, 뒷날 동학에 참여하는 선비들이 늘면서 한자를 쓰기도 했다. 『동경대전』에 실린 경전은 대부분이 한자이다. 정리하면 『용담유사』는 순한글, 『동경대전』은 한자로 썼다.

최시형은 이어서 1881년 6월, 충북 단양군 남면 천동리 여규덕의 집에 머물면서 한글로 된 『용담유사』를 간행하고, 1882년에는 충남 목천군 장내리 김은경의 집에 임시로 경전간행소를 차리고 『동경대전』 1,000부를 펴내 각지의 동학도들에게 배포했다. 당시 책이라면 여러 날에 걸쳐 필사하던 시절에 민간에서 경전 1,000부를 간행한 것은 인력이나 경비가 그만큼 뒷받침되었다는 반증이기도 하다. 그것도 관에 누설되지 않고 간행한 것이다.

경전 간행은 1879년부터 거의 매년 새로운 목판본을 찍어낼 정도로 활발하게 진행되었다. 적지 않은 경비와 인력이 필요한 목판본 작업을 할 정도로 물질적 조건이 갖추어지고 정신적인 요청이 있었다고 하겠다. 경전 간

행은 동학적 가치 체계의 심화·확장을 보여주는 단적인 적례이다. (중략)

이러한 분량을 인쇄하는 데 소요되는 종이나 인력을 감안하더라도 당시로서는 대사업이 아닐 수 없었다. 경전을 개인적으로 소유하는 것이 쉽지 않았으므로 대부분 필사를 해서 소유하던 당시의 상황을 감안한다면 이와 같은 경전 간행은 동학의 급속한 성장을 잘 나타내준다.[13]

최시형은 체포될 경우 사형당할 위험을 무릅쓰면서도 장소를 옮겨 다니며 꾸준히 교조의 일대기와 경전을 간행했다. 그만큼 전국적으로 동학도가 팽창하여 수요가 급증했기 때문이다. 수운의 순도와 제자들의 박해에도 동학을 믿고 의지하려는 사람이 많았다. 그래서 위기상황 속에서도 경전을 간행할 수 있었다. 이런 최시형의 노력으로 경전이 남았기 때문에 수운과 동학의 실체가 오늘날까지 전해질 수 있었다.

해월 최시형의 경전 편찬과 간행의 업적은 너무나 크다. 무엇보다 먼저 그런 까닭에 오늘 우리의 손에 동학·천도교의 경전이 온전하게 들려지게 되지 않았을까?

그러나 에둘러 말하자면 해월 최시형의 경전 간행의 의의는 역사 안에서의 현재상을 보존하면서 오늘날까지 생생한 현재성으로까지 연결시켜 주었다는 데에 들어 있다. 그러나 현재성의 연속선상에서 동학경전 간행의 의미가 오늘의 현시점을 진단하는 계기로 되어야 할 것이다.[14]

## 4. 교조신원운동이 동학혁명으로

교조가 혹세무민의 누명을 쓰고 효시당한 뒤 동학도들은 관으로부터 갖은 탄압과 수탈을 당했다. 동학도로 몰리면 이유 없이 끌려가 곤장을 맞고 재물을 빼앗겼다. 2세 교주 최시형은 전국 각지로 장소를 옮겨 다니며 몸을 숨기지 않을 수 없었다. 이런 상황에서도 도인들의 숫자가 늘어나고, 교조의 억울한 죽음에 대한 원한이 층층이 쌓여갔다.

1870년에 들어서면서 동학은 세력이 더욱 강화되었다. 1871년 3월에는 이필제가 최시형과 손을 잡고 동학도 500여 명을 동원해, 영해에서 봉기를 일으켜 부사를 죽이고 무기를 빼앗았다. 이 사건을 계기로 동학도들 사이에서는 교조신원과 국정개혁을 위해 무장투쟁에 나서야 한다는 강경론이 제기되었다.

최시형의 제자인 서병학과 서장옥은 교조신원운동에 나설 것을 강력히 제기했지만 해월은 시기상조라며 이를 만류했다. 그러나 이들은 1892년 10월, 독자적으로 교도들을 공주에 집합시켜 충청감사 조병식에게 동학 탄압 중지와 교조의 신원을 요구했다.

그러자 최시형은 10월 27일 전국의 동학도들에게 통유문을 보내어 전라도 전주 삼례역에 모일 것을 지시했다. 삼례역에는 동학도 수천 명이 집결해 전라감사 이경직에게 교조의 신원과 동학의 공인, 동학도 탄압 금지, 지방관들의 가렴주구 방지 등을 요구했다. 동학이 창설된 뒤 가장 규모가 큰 집결이자 집단행동이었다.

이경직은 지방관들의 부당한 행위는 중지시키겠으나, 동학의 금령 문제는 자신의 소관이 아니라 조정의 일이라고 말하면서 해산을 종용했다. 동학도들은 전라감사의 말을 믿고 일단 해산했다. 그러나 감사의 약속이 하나도 지켜지지 않자 동학의 지도자들은 1893년 1월에 충청도 보은에서 다시 모여, 서울로 올라가 복합상소를 하기로 결정했다.

동학도 수천 명은 서울 근교에 머물고, 박광호 등 동학 지도자 40여 명은 1893년 2월, 추운 날씨에 경복궁 광화문 앞에 엎드려 밤낮없이 사흘 동안 교조신원을 호소했다. 복합상소를 올린 지 3일 만에 고종의 비답이 내려왔다. "각기 집으로 돌아가 생업에 종사하면 소원대로 시행하겠다"라는 내용이었다.

그러나 이것도 거짓이었다. 동학도들이 임금의 대답을 듣고 해산하자 조정은 갑자기 태도를 바꾸었다. 상소를 올린 주도자를 체포하고, 이를 막지 못한 전라감사 이경직과 한성부판윤 신정희를 문책했다. 또한 그 이후 동학도들을 오히려 더욱 심하게 탄압했다.

합법적인 교조신원과 동학 포교활동을 공인해달라는 요청이 소득없이 끝나자 동학교단은 총궐기를 선언하기로 한다. 최시형 등 동학 지도부는 1893년 3월 10일 교조 순도일에 보은 장내리에 모일 것을 통문했고, 그날 2만여 명의 동학도가 모였다. 이날 집회에서는 교조신원뿐만 아니라 척왜척양 등 정치 구호도 많이 제기되었다.

대규모 군중 집회에 놀란 조정에서는 어윤중을 양호선무사兩湖宣撫使로 삼아 보은에 파견하여 이들을 진정시키게 했다. 동학 지도부(북접)는 어윤중의 효유曉諭를 받아들여 해산했으나 호남에서 올라온 호남 지도부(남접)는 계속 버티면서 민소운동民訴運動을 이어갔다. 교조신

체포되어 압송되는 전봉준(교자에 앉은 사람).

원운동은 이 같은 2세 교주 해월의 순도 과정을 거쳐, 마침내 1894년 전봉준, 김개남, 손화중 등이 이끄는 동학농민혁명으로 폭발했다.

동학의 교조신원운동은 각종 큰 집회를 통해 반봉건, 척왜양창의의 반외세의 기치를 내건 정치적 대정부 투쟁으로 발전하면서, 이후 민족의 근대적 사회개혁을 실현코자 한 동학농민혁명의 이념적, 조직적 기반을 마련했다. 두 번씩이나 연임한 고부군수의 탐학貪虐이 지속되자, 고향 인근인 고창 무장에서 4천 명의 동학농민군을 이끌고 대규모의 전쟁형태인 제1차 동학농민혁명을 일으키게 되었다.

이후 두 번에 걸친 혁명투쟁은 계속되었다. 혁명투쟁의 근본사상은 정의를 앞세워 다시 개벽 의식을 구현함이며, 인간의 오륜오상, 사유四維 등을 살리는 유교의 인간성 회복의식과 외세를 배척하려는 민족의식이 공공연대를 이루어 사회혁명으로 폭발했다고 말할 수 있다.[15]

# 16. 후계자 최시형과 손병희

## 1. 2세 교주 최시형의 활동과 순도

수운이 뿌린 동학의 씨앗은 교조신원운동을 거쳐 1894년 동학혁명으로 폭발했다. 그러자 조정은 청군을 불러오고, 청·일 간의 톈진조약에 따라 일본군이 조선 땅에 들어왔다. 무라타 소총 등 현대식 무기로 중무장한 일본군은 동학군을 무참히 짓밟았다. 이 과정에서 동학군 30~40만 명이 학살당했다. 동학혁명군은 '보국안민, 척왜척양, 부패계급타파' 등의 기치를 내걸고 '폐정개혁안 12개조'를 제시했다. 수운이 일관하여 제기해온 반봉건·반외세의 시대적 이슈였다. 그러나 동학군은 관군과 일본군의 연합작전에 처참히 무너지고, 남접의 전봉준 등은 참형을 당했다. 다행히 북접의 최시형과 손병희 등은 피신하여 생명을 건질 수 있었다.

최시형은 관군의 추적을 피해 은신생활을 하면서도 포교에 진력을 다했다. 태백산맥과 소백산맥의 오지 마을 50여 곳으로 몸을 숨기며 산골마을 주민들을 상대로 포교를 했다. 그런 가운데에서도 스승 수운의 '시천주'에 이어 "세상의 모든 사람, 천한 사람이나 귀한 사람 모두 한울림같이 대하고 섬겨야 한다"라는 '사인여천事人如天'의 신앙 을 설파했다.

해월 선생의 종교적 경지는 뒷날 다만 한울님이라는 신만을 공경한다는 경천敬天을 넘어, 사람을 공경하는 경인敬人, 만물과 하나 됨을 통해 만물 을 아끼고 또 공경하는 경물敬物의 삼경三敬 사상으로 구체화되었다. 나아 가 이러한 해월 선생의 종교적 경지를 바탕으로 하는 가르침은 오늘 인류 가 겪고 있는 자연환경의 폐해에 대한 매우 소중한 가르침이 되고 있다.

즉 오늘이라는 현대에 이르러, 환경 파괴의 심각성과 함께 비로소 제 기되고 있는 생태 및 생명의 문제를, 해월은 이미 100년 전에 구체적이며 근원적인 면에서 제기했었다.[1]

관군과 일본군은 최시형을 끈질기고 집요하게 추적했다. 최시형 이 강원도, 경기도, 경상도 지역을 넘나들며 숨어다니던 끝에 원주 송골 마을에 머물렀다. 그러나 그동안 조정에서 각지에 풀어놓은 밀 정에게 발각되어 그의 거처가 알려지게 되었다.

1898년 4월 5일, 최시형은 스승의 득도일을 앞두고 손병희, 김연 국, 임순호, 손병흠, 임도여 등 측근들을 불러 각자의 집으로 돌아가 선사의 제례를 지내라며 돌려보낸 뒤 곧 들이닥친 관졸 40~50명에게 체포되었다.

최시형도 스승 최제우처럼 체포되기에 앞서 동학의 후계체제를 마무리한 상태였다. 충청도에 피신해 있을 때 최시형은 자신의 은거지로 손병희, 김연국, 손천민을 불렀다. 모두 동학혁명의 맹장들이었다. "이제부터 도중道中 서사庶事를 그대 3인에게 맡길 터이니 그대들은 십분 변려하라. 3인이 합심하면 천하가 다 흔들릴 위기에 직면하더라도 해낼 수 있을 것이다"라고 하며, 3인 중에 주장主將이 없으면 일이 안 될 터이니 의암 손병희를 주장으로 삼고, 북접대도주北接大道主로 임명했다.[2]

최시형은 37살의 손병희에게 동학 3세 교주의 자리를 넘겨주고, 제자들의 신변 안전을 위해 모두 돌려보낸 뒤 관졸에게 체포되어 서울로 압송되었다. 처음에는 광화문에 있는 감옥에 10여 일간 갇혀 신문을 받다가 서소문감옥서로 옮겨 수감되었다. 고문과 옥중에서 심한 설사, 그리고 목에 씌운 무거운 칼 때문에 반주검 상태에서 재판을 받았다. 재판은 10여 차례나 계속되었다.

1898년 5월 29일(음력), 최종심인 고등법원은 최시형을 대명률大明律의 '사술邪術'죄로 엮어 교수형에 처한다는 평결을 내렸다. 스승인 수운선사와 비슷한 죄목이었다. 고등법원의 재판장은 조병직, 판사는 조병갑과 주석면, 검사는 윤성보와 태명식, 검사보는 김낙헌이었다. 판사 조병갑은 동학혁명의 직접적인 발발 원인을 제공한 탐관오리의 대명사, '고부군수 조병갑' 바로 그 인물이고, 재판장 조병직 역시 그와 같은 문중의 탐관이었다.

교수형의 평결을 내린 고종 정부는 6월 2일(양력 7월 20일) 정오에 해월을 서소문감옥서로 옮겨 오후 5시경에 사형을 집행했다. 그때 최시형의 나이는 71살이었다. 스승인 최제우에게서 도통을 이어받은 지

35년, 그동안 동학의 경전을 간행하고 교세를 확장한 데 이어 동학혁명의 한 축을 담당했다가 1세 교조에 이어 두 번째로 순도자가 되었다.

우리 민족종교로서의 동학도東學道는 창도자 수운 최제우의 동학 대각大覺과 그 초기 포덕 관계에서 이미 동학 교문의 접 조직이 만들어져 있었다. 그러나 그 도통을 이은 2세 교주 해월 최시형의 동학 교리 형성과 교문 형성·확대에 대한 초인적인 역할이 없었더라면, 오늘날의 민족종교 동학(천도교)으로의 발전과 근대 민족사의 주역을 담당했던 동학의 공헌은 있을 수 없었을지도 모른다.

최수운은 창도로써 동학의 씨앗을 심었다. 그 고귀한 씨앗은 최해월의 '은도 시대'에서 발아와 육성을 거쳐 숙성되어, 조선왕조의 몰락기에 왕조사의 뒤를 이을 근대적 민족 주체 세력이 됨으로써 근대의 민족 융성기를 마련하는 데 정신사적 공헌을 했다고 평가된다.[3]

## 2. 3세 교주 손병희의 천도교 개명과 3·1 혁명

동학은 조선왕조로부터 혹독한 탄압을 받고, 동학혁명 이후에는 일제로부터 잔혹하게 탄압받으면서도 민족종교로 뿌리를 내리고, 한국 근현대사의 큰 물줄기를 주도했다. 동학이 이렇게 자리 잡을 수 있었던 것은 무엇보다 '최제우→최시형→손병희'로 승계되는 교통敎通이 원활하게 이루어지고, 세 사람이 하나같이 특출한 인재들이었기 때문이다.

의암 손병희.

　손병희는 해월 최시형으로부터 '의암義菴'이라는 호를 받을 만큼 의롭고 용단 있게 포교활동을 하고, 동학혁명이 터졌을 때 미온적이던 북접 지도자들을 설득하여 혁명군으로 참여시키고, 북접 사령관으로서 남접의 대표 전봉준과 함께 일본군과 격렬하게 싸웠던 맹장이었다. 손병희와 전봉준은 의형제를 맺은 관계였다.

　그러나 동학혁명군은 현대식 병기로 무장한 일본군을 당해낼 수가 없었다. 엄청난 희생을 당하면서 버텼으나 동학군은 관군과 일본군에게 패하고 뒷날을 기약하지 않을 수 없었다. 결국 관군과 일본군에 쫓기던 해월은 체포된 뒤 처형된다. 의암은 교단을 지키고자 피신하다가 1901년 3월 미국으로 망명하려고 부산에서 배를 타고 일본으로 건너가게 된다.

그러나 손병희는 미국으로 갈 여비가 없어서 일본에 가명으로 머무르면서 일본 사회의 근대화된 문물을 익혔다. 그는 또한 동학도들이 보내준 기금으로 국내의 우수한 청년들을 일본으로 불러 공부를 시켰다. 최남선과 방정환 등이 당시 일본에서 공부한 청년들이었다. 한편 손병희는 동학 지도자들도 은밀히 일본으로 불러 조직의 확대 등을 논의했다.

그러는 사이 국내에서는 이용구 등 동학 간부들이 배교한 뒤 매국 앞잡이 노릇을 했다. 그들은 진보회에 이어 일진회를 조직하여 동학의 정신을 훼손하고, 사람들이 동학을 불신하도록 만드는 데 일조했다.

손병희는 고심 끝에 동학 교단을 수습하고 교단을 재조직하기 위해 중대한 결단을 내린다. 1905년 12월 1일부터 동학이라는 교명을 천도교로 바꾼다고 선포했다. 1860년 최제우가 제세구민의 큰 뜻을 품고 동학을 창도한 지 45년 만의 일이었다.

천도교라는 이름은 『동경대전』에 나와 있는 "도측천도道側天道요 학측동학學側東學"이라는 구절에서 따온 것이다. 손병희는 동학이라 불리던 교단을 '천도교'라는 근대적 이름으로 세상에 반포하면서 '대고천하大告天下'를 다음과 같이 밝혔다.

포덕 46년(1905) 을사에 성사 동학 이름을 고쳐 천도교라 하니라. 원래 동학이란 이름이 서학 아닌 것을 밝히고자 함이요, 실상 이름은 아닌고로 동경대전에 이른바 '도인측 천도요, 학인측 동학'이라는 뜻을 취하여 천도교라 고치니라.[4]

손병희는 「명리전明理傳」이라는 글에서 천도의 의미를 설명했다.

사람은 곧 천인天人이고 도道는 곧 천도天道다. 천도의 본성을 지킬 수 있
는 사람이면 때가 다르고 도가 달라도 지모가 서로 비치고 의사가 서로 같
아 서로 하나의 이치에 도달한다.

손병희는 동학을 천도교로 바꾸면서 천도교 창건 소식을 '천도교
대도주 손병희' 명의로 국내의 《제국신문》과 《대한매일신보》에 대대
적으로 광고했다. 광고를 《제국신문》은 1905년 12월 1일부터 18일까
지, 《대한매일신보》는 19일까지 각각 15회에 걸쳐 싣게 했다. 마치 교
당 건축을 알리는 것처럼 한 이 광고는 '동학=천도교'의 창건과 아울
러 교단의 양성화·합법화를 만천하에 알리게 되었다. 이로써 동학은
천도교로 개칭과 함께 합법적인 종교단체로서 천하에 공인됨을 스스
로 천명하게 되었다.[5]

손병희는 더 이상 일본에 머물 이유가 없었다. 1905년 11월, 일제
는 을사늑약을 통해 대한제국의 외교권을 강탈하고 국권침탈을 노리
고 있었다. 망명 4년여 만인 1906년 1월에 귀국한 손병희는 배교자이
자 매국노인 이용구와 송병준 등 62명을 출교 처분하는 등 '동학→천
도교'의 정통성을 확립하는 데에 온 힘을 기울였다.

1910년 8월 29일 국치 후 손병희와 천도교는 국권회복을 위하여
《만세보》와 《천도교월보》 등 출판·언론활동, 고려대학의 전신인 보
성전문학교 인수 등 교육사업을 진행하는 한편, "사람이 곧 하늘이
다"라는 '인내천人乃天' 사상을 제시하고, 국내외의 독립운동을 지원하

는가 하면 1919년 3·1 혁명을 주도했다.

손병희는 민족대표 33명의 수장으로 독립선언을 한 뒤 구속되어 3 년형을 선고받고 서대문형무소에서 수형 생활을 했다. 그러던 중 심한 고문과 옥고로 생명이 위태로울 지경에 이르러서야 병보석으로 풀려났다. 그러나 병마를 이기지 못하고 1922년 5월 19일에 62살을 일기로 서거했다.

우리는 기억해야 한다. 해방된 그해 백범 김구가 환국해서 가장 먼저 찾은 곳은 우이동 봉황각에 묻혀 있는 의암 손병희의 무덤이었다는 사실을. 그는 의암 성사의 무덤에 무릎 꿇고 "선생님 이제사 돌아왔습니다"라고 고했다. 왜 백범이 가장 먼저 의암의 무덤을 찾았을까.

그가 없었다면 임시정부도 없었고, 그가 없었다면 3·1 혁명도 없었고, 그가 없었다면 조선의 개화혁신도 없었고, 그가 없었다면 동학혁명도 호남지방에 국한한 민란으로 그쳤을 것이기 때문이다. 백범은 성사님의 무덤에 엎드려 "선생님 덕분에 우리가 오늘 해방을 맞이했습니다"를 보고한 것이다.[6]

동학의 창도자 수운 최제우와 2세 교주 해월 최시형은 고종 정부에 의해, 그리고 3세 교주 의암 손병희는 일제에 의해 목숨을 잃었다. 동학은 이와 같은 희생을 치르면서 민족종교로서 터전을 확보하게 되었다.

갑오 동학혁명과 기미 3·1 혁명을 주도한 것이 동학(천도교)이라는 사실을 꿰고 있던 일제는 식민지 통치 35년 내내 천도교 등 민족종교를 포악스럽게 탄압했다. 물론 기독교, 천주교, 불교에 대한 탄압 역시 심했다.

조선총독부는 총독부 학무국에 종무과를 설치하여 외국 선교사와 양해화친 도모, 포교규칙 개정, 사립학교규칙 개정, 종교의 법인 허가 등 잇따라 종교에 관한 종무방침을 시달했다. "그러나 종무과 신설은 종교의 차별을 가져왔다. 즉 종무과는 일본의 신사 신도와 교파 신도, 불교, 기독교, 말하자면 공인된 종교에 관한 종교 업무를 담당하고, 그 외의 종교는 모두 민족적 종교로서 직접 경무국의 관할하에 놓여서 유사종교로 감시대상이 되었다. 이것은 종교 신앙심의 이유에서가 아니라, 일제가 민족종교를 종교의 탈을 쓴 정치 비밀 결사체로 본 데에 그 원인이 있었다."[1]

동학(천도교)은 일제강점기에 혹독하게 탄압받고 기성 종교들로부터 따돌림을 받으면서도 기층 민중 사이에 꾸준히 생명력을 유지하고 교단이 존립했다. 그것은 수운 최제우 선생의 창도정신과 개혁사상이 민중과 역사에서 순정하게 이어졌기 때문이다. 또한 그 시대에 여성들이 다수 참여한 것은 부화부순夫和婦順의 새로운 부부윤리를 제시했기 때문이고, 깨어 있는 유생들이 모여든 것은 동학이 물밀 듯이 밀려오는 외래사조로부터 전통문화를 지키려는 역사적 방파제 역할을 했기 때문이다.

수운 선생의 독창성이 강하고 이론적 깊이도 대단한 '시천주·광제창생·제폭구민·후천개벽'의 신앙과 개혁사상은 현세성으로 이어지고 근현대사의 시대정신으로 전승되었다. 그러나 그는 희생양이 되고 말았다. "시대를 앞서가는 인물은 기실 과도기적 인물이다. 그의 정신은 오로지 미래를 주목하는 만큼 그의 실천은 지나치게 과격해 실패할 수도 있고, 그의 방책은 현실의 쓰임에 적합하지 못할 수도 있지만 그는 늘 우리가 피해갈 수 없는 인물로 존재한다." 량치차오 평전을 쓴 셰시장이 량치차오를 분석한 대목이다.

셰시장의 말은 이렇게 이어진다. "무릇 시대를 앞서가는 인물은 필수불가결의 세 가지 덕성이 있다. 이상과 열성, 그리고 담력이다. 그 나머지는 모두 지엽적 문제라서 억지로 왈가왈부할 수 없다. 이런 관점에서 량치차오를 살펴보면, 그가 평생토록 한 말과 추진한 사업에 다소 결점이 있어서 사람들이 그것을 주워 모아 헐뜯고 배척하지 않는 것은 아니지만, 만약 그의 드넓은 이상이 천년을 비출 만하고, 그의 진지한 열성이 일곱 겹 갑옷을 뚫을 만하고, 그의 웅대한 담력이 한 시기를 가로지를 만하다면 동시기를 산 사람 중에는 그와 비견할 사람이 없을 것이다." 량치차오 대신 여기에 수운을 대입하면 꼭 맞을 것 같다.

수운은 서세동점으로 밀려오는 서학에 대한 대항의식과 함께, 국운을 나락으로 빠뜨리는 낡고 병든 왕조문화에 대한 도전의식에서 창도한 동학이 서학으로 몰리고 좌도난정의 판결을 받으면서, 도저한 절망감에 빠지고 결국 순도의 길을 걷게 되었다. 그러나 선지자의 수난은 역사의 전진을 추동하는 길이 되었다.

사실 필자는 동학이나 천도교에 깊은 학식이 없다. 그래서 수운 선생의 평전을 쓰기 시작할 때부터 후회한 적이 한두 번이 아니다. 또한 수운 선생의 신 체험으로부터 몇 가지 이적이나 기적과 관련한 기록과 증언을 살피면서, 21세기 과학문명으로 훈련된 두뇌로서는 쉽게 납득할 수 없는 부분이 적지 않았다. 그래서 '평전'이라는 장르의 특성을 내세워 "뺄 것은 빼고 살릴 것은 살렸다." 동시대의 독자들을 위해서라는 핑계를 댔다.

그런데도 수운 선생의 넓고 깊은 학문의 세계와 동학의 심오한 철리哲理를 해독하고 정리하기란 어려워서 취급하지 못한 부분이 적지 않을 것이다. 능력의 한계일 수밖에 없음을 고백한다.

이 책을 쓰면서 표영삼 선생과 윤석산 교수의 선행연구들, 그리고 임형진 교수로부터 받은 많은 자료와 격려에 큰 도움을 받았다. 지면을 통해 감사 말씀을 드린다.


## 근대의 문을 연 동학

필자는 우리나라 근현대사를 공부하면서 동학에 많은 관심을 기울여 왔다. 배움이 깊지 못하여 언저리만 맴돌고 있지만, 그 시대에 동학이 있었기에 우리도 낡은 봉건의 철문을 열고 근대의 길에 나설 수 있었을 것이라고 생각한다.

영국의 청교도혁명, 미국의 독립혁명, 프랑스의 대혁명, 독일의
종교개혁, 러시아의 볼셰비키 혁명, 일본의 메이지유신, 인도의 샤티
그라하 운동, 중국의 신해혁명을 생각하지 않고서는 이 나라들의 정
체성을 이해하기 어렵다.

그렇다면 이들과 어깨를 나란히 할 수 있는 우리나라의 사건은 무
엇일까? 단연 1919년 3·1 혁명을 들 수 있다. 3·1 혁명의 물꼬를 더
듬어 올라가면 동학농민혁명에 이르고, 더 거슬러 올라가면 최제우
가 창도한 동학이라는 발원지에 다다른다. 동학도가 농민혁명의 주
축이 되고, 동학이 천도교로 바뀌고 항일투쟁의 원류가 되면서, 기독
교·불교와 더불어 3·1 혁명의 모태 역할을 했다.

천도교의 역할이 없었어도 3·1 혁명이 가능했을까? 동학이 없었
어도 농민혁명이 가능했을까? 이를 생각하면 동학을 창도한 최제우
의 역할은 실로 지대하다. 인도에 "북소리만 듣고 춤을 출 것이 아니
라 북 치는 사람을 찾아라"라는 속담이 있다. 최제우는 낡은 전근대
의 성곽에서 근대의 북을 친 사람이었다.

프랑스 혁명은 케네로 대표되는 중농주의자들, 디드로로 대표되
는 백과전서파, 장 장크 루소로 대표되는 권력분립과 인간평등 사상
론자들이 있었기에 가능했다. 케네의 '중농주의'는 "토지는 농민에게
주어야 한다"라는 원칙을, 디드로의 『백과전서』는 "세계에는 기독교
외에 많은 종교가 있고, 왕정 외에 여러 정치형태가 있다"라는 것을
가르치고, 루소는 "어떤 사람도 부富를 통해 다른 시민을 살 수 있을
만큼 부자는 아니고, 또 어떤 사람도 몸을 팔 수밖에 없을 정도로 가

난해서는 안 된다"라는 인간평등사상을 전개했다. 이런 생각을 공유하게 된 프랑스인들이 나서서 절대왕정을 무너뜨리고 마침내 1789년 대혁명을 일으켰다.

## 사회개혁 사상가, 최제우

최제우는 동학을 창도한 교조이기도 하지만 사회개혁 사상가였다. 그의 사회사상은 조선 사회가 구조적으로 질병에 빠졌다는 '사회질병설'과, 이를 구제하기 위해서는 일대 개혁이 필요하다는 '개벽사상'이 주조를 이룬다.

"이러므로 우리나라는 악질이 세상에 가득 차서 백성들이 언제나 편안할 때가 없으니 이 또한 상해의 운수요, 서양은 싸우면 이기고 치면 빼앗아 이루지 못하는 일이 없으니 천하가 다 멸망하면 또한 순망지탄이 없지 않을 것이라. 보국안민의 계책이 장차 어디서 나올 것인가."[2]

"아서라 이 세상은
요순지치라도 부족시不足施요
공맹지덕이라도 부족언不足焉이라"[3]

"십이제국 괴질운수
다시 개벽 아닐런가
태평성대가 다시 와서

나라와 백성이 모두 편안해지겠지만,

험하구나, 험하구나,

우리나라 운수가 험하구나."⁴

　최제우가 말하는 '악질'은 육신의 질병뿐만 아니라 나쁜 정치, 그로 인해 탐관오리들의 발호와 타락한 유생들의 백성 수탈을 통칭한다. 한마디로 무능하고 부패한 왕조체제의 국정농단과 각종 적폐를 말한다. 최제우는 여기에서 개탄만 하지 말고 '개벽'에 나서라고 촉구한다. 개벽은 한국 민족종교들이 추구한 공통적인 가치로서 압축하면 사회개혁, 즉 '새로운 시대[上元甲]'를 뜻한다. 하늘이 열리는 것을 개開라 하고 땅이 열리는 것을 벽闢이라 했다. 천지개벽이다.

　돌이켜보면 최제우의 개벽사상은 사회개혁을 뛰어넘는다. 무위이화無爲而化의 사상은 루소의 "자연으로 돌아가라"라는 자연법 사상과 맞닿는 대목이다. 하늘로부터 부여받았으나 지금은 잃어버린, 빼앗겨버린 천부인권과 인간존엄 그리고 '인간 본연의 자아'를 중시하는 가르침이다. 그것이 무극대도無極大道로 표현되었다. 이것은 오염된 물질문명과 각종 재해와 공해 그리고 타락한 권력이 남긴 각종 적폐에 시달리고 있는 오늘의 한국인이 추구해야 하는 '신개벽 시대'의 가치관이 아닐까.


## 동학혁명 성공했다면 아시아 선진 주도

최제우의 사상이 일차적으로 현실화된 1894년의 동학농민혁명은 현대 병기로 무장한 일본군에 의해 좌절되고 말았다. 그러나 동학정신은 우리의 개화사상과 민주화운동의 본류로서 연면히 이어졌다.

동학혁명 후에 전개된 정부의 갑오경장은 그것이 일본공사 오토리大鳥圭介에 의해 「내정개혁방안 강령 5개조」에 따라 진행되었으나, 가장 중요한 사회 면의 개혁, 즉 문벌과 양반 상놈의 계급제 타파, 능력에 의한 인재 등용, 공사노비법 폐지, 과부의 재가 허용, 고문과 연좌법 폐지, 조혼금지 등은 동학혁명의 '폐정개혁안'이고, 최제우의 후천개벽사상에서 기원한다.

어떤 이들은 동학 꾼들이 난을 일으켜서 일본군이 들어오게 되고, 결국 망국에 이르렀다고 개탄한다. 그러나 말기 증세에서 허덕거리는 왕조(고종)에 개혁을 요구하는 백성들의 정당한 궐기를 외국군을 불러들여 진압(학살)하고, 그 군대를 잔류시키게 만든 것은 외려 우둔한 임금과 우매한 척신 관료들이었다.

동학군은 호남의 요충지인 전주성을 점령했다가 일본군이 내침하자 정부와 '전주화약'을 맺고 폐정개혁안 12개조를 타협한 뒤 전라도 53개 군현에 농민자치기관인 집강소를 설치하고 폐정개혁에 착수했다. '외적'의 침략을 받고 '내적' 타도의 진군을 멈춘 것이다.

임금(고종)이나 조정 각료대신들은 그때까지도 일본이 청국과 톈진조약(1885)을 통해 '상호출병'을 밀조한 사실도 모르고 있었다. 1905년에 미국과 일본이 '가쓰라-태프트 밀약'을 통해 일본은 조선, 미국은 필리핀을 나눠 먹기로 밀약한 것을 모르고 있었던 일과 다르지 않았다. 이렇듯 당시 임금이던 고종은 일부 학자들이 주장하는 '개명군주'와는 거리가 한참 멀다.

그때나 지금이나 권세가와 지식인, 종교인, 언론인 중에는 외세에 빌붙어 종살이를 하더라도 국내에서는 기득권을 놓지 않고 지배층이 되겠노라고 하는, 사대주의에 찌든 부류가 적지 않고 이들은 여전히 우리 사회의 기득권층을 차지하고 있다.

안타깝고 아쉬운 점은 만약 동학혁명이 성공했다면, 한민족의 능력으로 보아 충분히 아시아의 근대화를 주도하고 평화스러운 동북아시대를 열었으리라는 사실이다.

## 동학의 좌절로 사대세력 다시 기승

일찍이 단재 신채호는 중국 망명지에서 「조선역사상 1천년래 제1대 사건」이라는 명문을 쓴 바 있다. 한국사가 사대주의로 기울고 민족이 쇠하는 근본적인 원인으로 고려 인종 13년(1135) 서경전역西京戰役, 즉 묘청 일파가 김부식 세력에게 패한 사실을 지적했다. 신채호는 이를 이렇게 진단한다.

서경전역은 역대의 사가들이 다만 왕의 군대가 반란의 무리를 친 전역으로 알았을 뿐이었으나 이는 근시안적 관찰이다. 그 실상은 전역이 곧 낭불양가郎佛兩家 대 유가儒家의 싸움이며, 국풍파國風派 대 한학파漢學派의 싸움이며, 독립당 대 사대당의 싸움이며, 진취사상 대 보수사상의 싸움이다.

묘청은 곧 전자의 대표요, 김부식은 곧 후자의 대표였던 것이다. 이 전역에 묘청 등이 패하고 김부식이 승리했으므로 조선사가 사대적·보수적·속박적 사상 즉 유교사상에 정복되고 말았거니와 만일 이와 반대로 김부식이 패하고 묘청 등이 이겼더라면 조선사가 독립적·진취적 방향으로 진전했을 것이니, 이 전역을 어찌 1천년래 제1대 사건이라 하지 아니하랴.

역사에서 가정이 부질없다지만, 최제우의 개혁이 수용되었더라면, 동학혁명이 성공하여 '사회질병'을 치유하고 '후천개벽'의 길로 나아갔으면, 일본이 1868년 단행한 메이지유신에 앞서 조선은 근대화의 길을 열었을 것이고, 일제의 식민지가 되지 않았을 것이다. 그랬으면 분단이나 6·25 동족상쟁도 일어나지 않았을 것이다.

일본에서 메이지유신을 단행한 인물 중에 사이고 다카모리西郷隆盛를 필두로 하는 자들은 조선을 정벌하자는 이른바 정한론자들이었지만, 최제우나 동학혁명 주도자들은 하나같이 생명사상가들이자 평화론자들이었다. 두 나라 사상가들의 결과 격은 이처럼 크게 다르다. 그래서 동학의 좌초는 많은 이들의 가슴을 더욱 아프게 한다.

## 최시형과 손병희로 이어진 민족사의 정맥

최제우의 순교 이후 혹독한 관가의 탄압에도 동학사상의 정맥은 후계자 최시형에게 전수되었다. 최제우와 최시형은 스승과 제자의 관계를 넘어서는 사이였다. 명말청초明末清初의 중국에서 "유교의 전제에 맞선 중국사상사 최대의 이단자"로 불리는 이탁오李卓吾는 "벗할 수 없다면 참다운 스승이 아니고, 스승으로 삼을 수 없다면 좋은 벗이 될 수 없다"라고 했다.

최제우와 최시형이 그런 관계였다. 사제 관계이면서 벗이 될 만큼 최시형은 스승을 존중했고 스승은 각별히 제자를 아꼈다. 최제우는 대구 감영에서 순교에 앞서 제자의 피신을 당부할 만큼 최시형을 배려했다. 최시형은 이에 보답하기 위해 목에 현상금이 붙고 쫓기는 처지에서도 동학 경전을 간행하고 포교활동을 멈추지 않았다.

최시형은 "하늘을 섬기듯 사람을 섬기라"는 사인여천事人如天을 내걸고, 30여 년 동안 보따리 하나로 전국 200여 곳을 떠돌며, 동학도들에게 개인적 수준에서 일어나는 변혁을 향아설위向我設位로, 집단적 수준에서 일어나는 변혁을 후천개벽이라 가르치면서 동학을 전국 단위로 확산시켰다. 그리고 농민봉기 당시에는 이를 다시 민중혁명으로 확대했다. 그의 존재가 아니었으면 동학은 교조의 순교와 함께 역사의 뒤안길로 사라졌을지 모르고, 동학혁명은 호남지방에 국한되었을지 모른다.

또 한 사람, 3세 교주이면서 동학을 천도교로 이름을 바꾸고 현대화한 인물인 손병희다. 최시형은 많은 제자와 동문 중에서 손병희를 후계자로 지명했고, 그 후계자는 전임자와 다름없이 무거운 짐을 지고 가파른 민족사의 외길을 걷는 데 망설이지 않았다. 그리고 교조의 창도정신과 2세 교주의 혁명정신을 이어 3·1 혁명을 주도했다. 3·1 혁명은 대한민국 임시정부 수립으로 이어졌고, 오늘의 대한민국은 임시정부의 국호와 법통을 승계했다.

조선을 점령한 일제는 동학혁명과 3·1 혁명이라는 두 차례에 걸친 한민족의 거대한 용솟음을 지켜보면서 동학사상에 '불온'의 딱지를 붙였고, 이후 수단 방법을 가리지 않고 박멸작전에 나섰다. 그래서 천도교인 중에서 강한 자는 죽이거나 투옥하고, 약한 자는 회유하여, 순교자와 변절자가 적지 않았다.

이런 사유로 일제강점기에 천도교는 인적·물적 기반을 크게 잃은 터여서 해방 후에도 부흥이 쉽지 않았고, 역대 독재정권은 여전히 천도교의 혼인 동학을 불온시했다. 일제가 뿌린 마취제에서 헤어나지 못한 것이다. 여기에 오익제 교령이 북한에 있는 천도교인들을 중심으로 조국의 평화통일운동을 펴고자 월북하면서 천도교는 더욱 어려운 처지에 빠졌다.

지금 북한에는 집권당인 노동당과 '유이'한 천도교청우당이 활동하는 것으로 전한다. 남북관계의 큰 변화와 진전에 따라서는 천도교청우당이 남북 화해 협력과 교류, 평화통일의 징검다리 역할을 하게 되지 않을까 기대된다.


## '인간존엄'의 동학정신

최제우의 넓고 깊은 철학사상과 동학정신을 모두 헤아리기는 쉽지 않다. 그러나 그 사상과 정신을 요약하면 '인내천 사상' 정신이 아닐까. '인간존엄'은 곧 동학의 창도정신이고, 이는 최시형과 손병희의 '천인사상天人思想'으로 이어진다.

동학에서 인간사랑(Humanism)은 돈독했다. "사람은 누구나 다 꼭 같이 하늘님을 모시고 있기에[侍天主]" 인간은 서로 사랑할 수밖에 없다고 말한 최제우나, "하늘을 섬기듯 사람들은 서로 사랑해야 한다[事人如天]"고 말한 해월(최시형)의 가르침이나, 그 후 "하늘이 따로 있는 것이 아니요 사람이 곧 하늘이기에[人乃天]" 사람은 서로 사랑할 수밖에 없다고 말한 손병희의 마음가짐은 그 시대의 복음이었다.[5]

수운 최제우 선생의 평전을 마무리하면서 새삼 안타까운 대목은, 서구의 선지자와 사상가의 언행은 '경이적·선구적·초월적' 등의 용어로 포장하면서, 우리의 경우는 '낡음·고루함·비과학적' 등으로 인식한다는 점이다. 여전히 서구적 가치관으로 역사를 해석하고 인물을 평가하는 아쉬움이 남는다. 이 책이 이를 교정하는 데 조금이라도 기여해주기를 바라는 마음 간절하다.

# 수운 최제우 연보

1824년 10월 28일(음력), 경상북도 경주군 현곡면 가정리에서 아버지 최옥과 어머니 한 씨 사이에서 태어남. 처음 이름은 제선濟宣, 자는 도언道彦.

1842년 울산의 밀양 박씨와 결혼함.

1843년 집이 불타 용담정으로 이사함.

1844년 주유천하에 나섬.

1854년 주유천하를 마치고 울산 유곡동(일명 여시바윗골)에 초가삼간을 짓고 구도의 수행에 들어감.

1855년 3월, 을묘천서를 받음.

1856년 양산 천성산 통도사의 내원암에서 수행하다가 숙부의 사망을 직관하고 47일 만에 하산함.

1857년 천성산 적멸굴에서 다시 49일간의 기도를 마침.

1859년 10월, 경영하던 철점이 파산되어 집과 땅을 채권자에게 넘기고 용담으로 돌아옴.

1860년 2월, 입춘시를 지으며 구도의 결의를 다짐.
이름을 제선에서 제우濟愚로, 자를 도언에서 성묵性黙으로, 호를 수운水雲으로 고침.

4월 5일, 용담에서 한울님으로부터 무극대도를 받음.

5월, 「용담가」를 지음.

1861년 6월부터 포덕을 시작하자 어진 선비들과 민중들이 구름처럼 모여듦.

7월에 「포덕문」, 8월에 「안심가」를 지음.

11월에 유생들이 서학으로 몰아 관으로부터 탄압이 있자 제자 최중희를 데리고 남정길에 오름.

12월, 호남지방 남원 교룡산성 은적암에 은거함.

1862년 1월에 「권학가」와 「논학문」을, 6월에 「수덕문」과 「몽중노소문답가」를 지음.

7월에 남원의 은적암을 떠나 경주부 청송으로 돌아와 백사길과 박대여의 집에 머무름.

9월, 최제우가 체포되어 경주 감영에 갇히고, 이 소식을 들은 도인들이 몰려들어 항의하자 6일 만에 최제우를 석방함.

10월 14일, 제자들에게 처신을 신중히 하라는 통문을 띄움.

11월 9일, 포항 흥해읍 매산리 손봉조의 집으로 옮김.

12월 26일, 연원의 효시가 되는 접주接主를 최초로 임명함.

1863년 3월 9일, 용담정으로 돌아와 필법을 지음.

4월, 좌잠을 지어 강수에게 줌.

6월, 개접開接하여 많은 도인들에게 가르침을 베풂.

7월 23일, 파접罷接함. 이날 최경상(최시형)에게 해월海月의 도호를 지어주고, 북도중주인北道中主人으로 임명함.

7월 하순에 「도덕가」를 지음.

8월 초순에 「흥비가」를 지음.

8월 14일, 최시형에게 도통道統을 전수함.

11월, 「팔절」과 「불연기연」을 지음.

12월 10일, 조정에서 파견한 선전관 정운구에게 붙잡힘. 최제우
와 이내겸은 서울로 압송되고, 나머지 30명은 경주 관아에 갇힘.

12월 20일, 서울로 압송되던 중 과천에서 철종이 서거하여 대구
감영으로 돌아감.

1864년  1월 6일, 대구 감영에 수감됨.

3월 10일, 좌도난정률의 누명을 쓰고 대구 관덕당에서 참형을
받아 순도함.

# 주<sup>註</sup>

## 1장

1. 『고종실록』, 임진년(1892) 윤 6월 5일.

2. 박석무, 『다산 정약용 평전』, 민음사, 2014, 438~439쪽.

3. 신일철, 「최수운의 역사의식」, 한국사상연구회, 『최수운 연구』, 경인
   문화사, 1974, 15쪽.

4. 길천문태랑吉川文太郎, 『조선제종교』, 조선흥문회, 1922, 322쪽.

5. 김홍철, 「개항기의 민족종교운동」, 『한국민족종교운동사』, 한국민족
   종교협의회, 2003, 112쪽.

6. 오익제, 「동학사상 연구의 방향」, 《동학사상논총》, 제1집, 천도교중앙
   총부, 1982, 9쪽.

7. 이돈화, 『천도교창건사』, 천도교중앙종리원, 1933, 33~34쪽.

8. 김삼웅, 『단재 신채호 평전』, 시대의 창, 2005, 328쪽.

9. 김경재, 「수운의 시천주 체험과 동학의 신관」, 《동학연구(4)》, 한국동
   학학회, 1999, 23~24쪽.

10. 표영삼, 『동학 1: 수운의 삶과 생각』, 통나무, 2004, 서문.

2장

1. 최치원, 『고운문집』.

2. 위의 책.

3. 이종상, 『근암집近庵集』; 표영삼, 『동학의 발자취』, 천도교종학대학원, 2003, 23~24쪽, 재인용.

4. 표영삼, 앞의 책, 2003, 25쪽.

5. 위의 책, 25~26쪽.

6. 『천도교회사 초고』, 제1편 『천통天統』.

7. 표영삼, 앞의 책, 2003, 22쪽, 재인용.

8. 《천도교월보》, 1924년 8월호.

9. 《신인간》, 1927년 9월호.

10. 허경일, 「동학사상과 한국정치학」, 《민족통일학보》, 창간호, 민족통일학회, 2003, 248쪽.

11. 「가훈」, 『근암유고』.

12. 「수덕문」, 『동경대전』.


3장

1. 「포덕문」, 『동경대전』.

2. 「도수사」, 『용담유사』.

3. 「권학가」, 『용담유사』.

4. 「교훈가」, 『용담유사』.

5. 이돈화, 《신인간》, 1928년 3월호.

6. 표영삼, 앞의 책, 2003, 70쪽, 재인용.

7. 위의 책, 73쪽.


4장

1. 『시천교종역사』, 214쪽.

2. 표영삼, 앞의 책, 2003, 75쪽.

3. 「수덕문」, 『동경대전』.

4. 표영삼, 앞의 책, 2003, 83쪽.

5. 『대선생주문집大先生主文集』; 표영삼, 앞의 책, 2003, 86쪽, 재인용.

6. 표영삼, 앞의 책, 2003, 88쪽, 재인용.

7. 윤석산, 『동학교조 수운 최제우』, 도서출판 모시는 사람들, 2004, 38~39쪽.

8. 「용담가」, 『용담유사』.

9. 김상일, 『동학과 신서학』, 2000, 68쪽; 윤석산, 앞의 책, 2004, 98쪽, 재인용.

10. 김기전, 「경주성지 배관실기」, 《신인간》, 1927년 8월호.

11. 「포덕문」·「논학문」, 『동경대전』.

12. 김광일, 「최수운의 종교체험」, 한국사상연구회, 『최수운 연구』, 경인문화사, 1974, 74쪽.

13. 홍장화, 「한 사상과 천도교」, 『한 사상과 민족종교』, 일지사, 1990, 106~107쪽.

14. 「용담가」, 『용담유사』.

15. 「안심가」, 『용담유사』.

16. 「도수사」, 『용담유사』.

17. 「논학문」, 『동경대전』.

18. 『한국종교문화사전』, 집문당, 1991, 489~490쪽.

19. 김용휘, 「수운 최제우의 시천주사상」, 예문동양사상연구원·오문환 편저, 『수운 최제우』, 예문서원, 2005, 110쪽.

20. 미조구치 유우조 외, 김석근 외 옮김, 『중국사상문화사전』, 민족문화 문고, 2003, 27쪽.

21. 위의 책, 29쪽.

22. 위의 책, 31쪽.

23. 헨리 리 토머스 외, 황필호 옮김, 『위대한 종교가들』, 종로서적, 1983.

24. 표영삼, 앞의 책, 2003, 113쪽.

25. 위의 책, 115~116쪽, 재인용.


5장

1. 황원길, 『도덕경 정의精義』, 자유출판사, 2016, 104~105쪽.

2. 이돈화, 『천도교창건사』, 천도교 중앙총부, 1933, 47쪽.

3. 유병덕 편저, 『한국 민중종교사상론』, 시인사, 1985, 123쪽.

4. 최민자, 「수운과 원효의 존재론적 통일사상」, 예문동양사상연구원·오문환 편저, 『수운 최제우』, 예문서원, 2005, 284쪽.

5. 「포덕문」, 『동경유사』.

6. 최동희, 「동학의 주문에 대하여」, 한국사상연구회, 『한국사상』, 1966, 151쪽.

7. 위의 책, 152쪽.

8. 표영삼, 앞의 책, 2003, 125~126쪽.

9. 위의 책, 128쪽.

10. 최동희, 앞의 글, 1966, 158쪽.


6장

1. 윤석산, 『수운 최제우 연구』, 경주대학교 경주문화연구소, 2001, 156쪽.

2. 최원식, 「동학가사 해제」, 『가사문학대계 동학가사(1)』, 한국정신문화
   연구원, 1979, 2쪽.


7장

1. 김기전, 앞의 글, 1927.

2. 윤석산, 앞의 책, 2001, 139쪽.

3. 이돈화, 『동학지인생관』, 천도교중앙총부, 1973, 26~27쪽.

4. 김구, 『김구 자서전 백범일지』, 국사원, 1947, 22쪽.

5. 위의 책, 29쪽.


8장

1. 표영삼, 앞의 책, 2003, 148쪽.

2. 「은적암」, 『천도교 창건사』.

3. 윤석산, 앞의 책, 2001, 152쪽.

4. 위의 책, 154~555쪽.

5. 《천도교월보》, 1924년 8월호.

6. 황현, 『오하기문梧下記聞』.

7. 윤석산, 앞의 책, 2001, 158쪽, 재인용.

8. 『동경대전』; 표영삼, 앞의 책, 2003, 182~183쪽, 재인용.


9장

1. 표영삼, 앞의 책, 2003, 203쪽.

2. 위의 책, 203쪽, 재인용.

3. 정재호, 「동학경전과 동학가사 연구」, 《동학연구(8)》, 한국동학학회, 2001, 31쪽.

4. 위의 책, 31~32쪽.

5. 황선명, 『민중종교운동사』, 종로서적, 1980, 220쪽.

6. 박지원, 김명호 편역, 『지금 조선의 시를 쓰라』, 돌베개, 2007, 131쪽.

7. 김광일, 앞의 글, 78쪽.

8. 표영삼, 「접포조직과 남북접」, 《동학연구(4)》, 한국동학학회, 1999, 103쪽.

9. 윤석산 역주, 『초기동학의 역사道源記書: 도원기서』, 신서원, 2000, 67~69쪽.

10. 표영삼, 앞의 글, 1992, 104쪽.

11. 김상기, 『동학과 동학란』, 한국일보사, 1975, 65쪽.

12. 표영삼, 앞의 글, 1992, 107쪽.

13. 유동식, 『한국 종교사상사: 경전 편』, 연세대학교 출판부, 1992, 174~180쪽, 발췌.

14. 「임술조」, 『최선생 문집 도원기서』; 최동희, 「해월의 종교체험에 대한 이해」, 《동학연구(8)》, 한국동학학회, 2001, 106쪽, 재인용.

15. 최동희, 위의 글, 107쪽.

## 10장

1. 『대선생 문집』.

2. 윤석산, 『동경대전』, 동학사, 1996, 286쪽.

3. 『대선생 문집』.

4. 표영삼, 앞의 책, 2003, 226~227쪽, 재인용.

## 11장

1. 최승희 편, 「동학의 창교와 대응」, 『한국사상사 자료선집: 조선후기
편』, 아세아문화사, 1970.

2. 위의 책.

3. 천도교중앙총부 교서편찬위원회, 『천도교약사』, 천도교중앙총부출판
부, 2006, 40~41쪽.

4. 한국동학학회 편집부, 「동학의 문화유적순례 1」, 《동학연구(8)》, 한국
동학학회, 2001, 238쪽.

5. 『최선생 문집 도원기서』.

6. 표영삼, 앞의 책, 233~234쪽.

7. 「전봉준 공초 재초문목」, 『동학란 기록(하)』, 1895년 2월 11일, 536쪽.

8. 박맹수, 「동학과 동학농민혁명 연구에 대한 재검토」, 《동학연구
(9·10)》, 한국동학학회, 2001, 115쪽.

9. 『동경대전』; 표영삼, 앞의 책, 2003, 246~247쪽, 재인용.

## 12장

1. 정재호, 『한국가사문학론』, 집문당, 1990, 197~202쪽, 발췌.

2. 박소정, 「동학과 도가사상: 불연기연의 논리를 중심으로」, 예문동양사 상연구원·오문환 편저, 『수운 최제우』, 예문서원, 2005, 321~322쪽.

3. 정재호, 앞의 글, 2001, 35쪽.

4. 조동일, 「영웅의 일생, 그 문학사적 전개」, 《동아문화》, 제10집, 서울 대학교 동아문화연구소, 1971, 169쪽.

5. 정재호, 「수운의 인간상」, 《동학사상논총》, 제1집, 천도교중앙총부, 1982, 166~167쪽.

6. 위의 글, 167쪽.

7. 오지영, 앞의 책, 95쪽.


## 13장

1. 샤를 달레, 정기수 옮김, 『조선교회사 서론』, 탐구당, 1966.

2. 박제형, 이익성 옮김, 『근세조선정감近世朝鮮政鑑』, 탐구당, 1975.

3. 《개벽》22호; 김상기, 앞의 책, 13~16쪽, 재인용.

4. 위의 책, 23쪽.

5. 이이화, 『허균의 사상』, 여강출판사, 1991, 89쪽.

6. 윤석산, 앞의 책, 2000, 95쪽.

7. 위의 책, 290쪽.


## 14장

1. 최석우, 「서학에서 본 동학」, 《교회사연구》, 제1집, 한국교회사연구

소, 1977, 113쪽.

2. 윤석산, 앞의 책, 2000, 95쪽.

3. 김기전, 《천도교월보》, 162호, 1924년 3월 15일 자.

4. 윤석산, 앞의 책, 2000, 99~101쪽.

5. 『비변사등록』, 고종 원년.

6. 윤석산, 앞의 책, 2000.

7. 「영소」, 『동경대전』.

8. 『일성록日省錄』, 고종 원년.

9. 위의 책.

10. 『일성록日省錄』; 표영삼, 앞의 책, 2004, 312~317쪽, 재인용.

11. 『승정원일기』, 고종 원년 3월 초2일 자.

12. 윤석산, 앞의 책, 2000, 103~107쪽.


15장

1. 신일철, 「천도교 교조 수운 최제우」, 한국민족종교협의회 편, 『새천년 민족종교의 진로』, 늘하늘, 2001, 63쪽.

2. 유홍렬, 『한국근대화의 여명』, 탐구당, 1871, 184~185쪽.

3. 임형진, 『동학의 정치사상』, 모시는 사람들, 2002, 68쪽.

4. 이경숙 외, 『한국생명사상의 뿌리』, 이화여자대학교 출판부, 2001, 85쪽.

5. 신일철, 앞의 글, 1974, 15쪽.

6. 오익제, 「동학사상 연구의 방향」, 한국사상연구회, 《한국사상》, 제18집, 1981, 42쪽.

7. 박소정, 앞의 글, 319쪽.

8. 강준만, 『나의 정치학사전』, 인물과사상사, 2005, 66쪽.

9. 임형진, 앞의 책, 102쪽.

10. 위의 책.

11. 강돈구, 『한국근대종교와 민족주의』, 집문당, 1992, 120~121쪽.

12. 전석환, 「해월 최시형의 동학경전 간행의 역사적 의의」, 《동학학보》, 제37호, 동학학회, 2015, 127쪽.

13. 오문환, 『해월 최시형의 정치사상』, 모시는 사람들, 2003, 142~143쪽.

14. 전석환, 앞의 책, 147쪽.

15. 김용환, 「동학교조신원운동과 동학농민혁명의 상관연동」, 《동학학보》, 제25호, 동학학회, 2012, 362쪽.


16장

1. 윤석산, 「해월 최시형의 서소문 옥중생활과 처형과정」, 《동학학보》, 제38호, 2016, 68쪽.

2. 오지영, 앞의 책, 270~271쪽.

3. 신일철, 「해월 최시형의 시(侍)와 경(敬)의 철학」, 부산예술문화대학 동학연구소 엮음, 『해월 최시형의 동학사상』, 예문서원, 1999, 93쪽.

4. 성주현, 『손병희』, 역사공간, 2012, 168쪽.

5. 이돈화, 앞의 책, 1933, 66~67쪽.

6. 김삼웅, 『의암 손병희 평전』, 채륜, 2017, 14쪽.

지은이 후기

1. 장병길, 『한국 종교와 종교학』, 청년사, 2003, 227~228쪽.

2. 「포덕문」, 『동경대전』.

3. 「몽중노소문답가」, 『용담유사』.

4. 「안심가」, 『용담유사』.

5. 신복룡, 『동학사상과 갑오농민혁명』, 도서출판 선인, 2006.

지은이 **김삼웅**

독립운동사 및 친일반민족사 연구가로, 현재 신흥무관학교 기념사업회 공동대표
를 맡고 있다. 《대한매일신보》(지금의 《서울신문》) 주필을 거쳐 성균관대학교에서 정
치문화론을 가르쳤으며, 4년여 동안 독립기념관장을 지냈다. 민주화운동관련자 명
예회복 및 보상심의위원회 위원, 제주 4·3사건 희생자 진상규명 및 명예회복위원
회 위원, 백범학술원 운영위원 등을 역임하고 친일반민족행위진상규명위원회 위
원, 친일파재산환수위원회 자문위원, 국립대한민국임시정부기념관건립위원회 위
원, 3·1운동·임시정부수립100주년기념사업회 위원 등을 맡아 바른 역사 찾기에
부단히 노력하고 있다.
역사·언론 바로잡기와 민주화·통일운동에 큰 관심을 두고, 독립운동가와 민주
화운동에 헌신한 인물의 평전 등 이 분야의 많은 저서를 집필했다. 주요 저서로『한
국필화사』,『백범 김구 평전』,『을사늑약 1905 그 끝나지 않은 백년』,『단재 신채호
평전』,『만해 한용운 평전』,『안중근 평전』,『김대중 평전』,『안창호 평전』,『빨치산
대장 홍범도 평전』,『김근태 평전』,『10대와 통하는 독립운동가 이야기』,『몽양 여
운형 평전』,『우사 김규식 평전』,『위당 정인보 평전』,『김영삼 평전』,『보재 이상설
평전』,『의암 손병희 평전』,『조소앙 평전』,『백암 박은식 평전』,『나는 박열이다』,
『박정희 평전』,『신영복 평전』,『현민 유진오 평전』,『외솔 최현배 평전』,『3·1 혁명
과 임시정부』,『장일순 평전』,『의열단, 항일의 불꽃』,『수운 최제우 평전』,『꺼지지
않는 오월의 불꽃: 5·18 광주혈사』,『운암 김성숙』,『나철 평전』,『정의의 길, 역사
의 길』,『광이불요의 지도자: 성재 이시영 선생 평전』,『개남, 새 세상을 열다』,『이
승만 평전』,『김재규 장군 평전』,『주시경 평전』,『해공 신익희 평전』,『우당 이회영
평전』등이 있다.

민족종교 동학의 교조
## 수운 최제우 평전

1판 1쇄 발행    2020년 4월 5일
1판 2쇄 발행    2022년 7월 8일

지은이   김삼웅 / 펴낸이   조추자 / 펴낸곳   도서출판 두레
등 록   1978년 8월 17일 제1-101호
주 소   (04075) 서울시 독막로 100 세방글로벌시티 603호
전 화   02)702-2119(영업), 02)703-8781(편집)
팩스 / 이메일  02)715-9420 / dourei@chol.com

• 가격은 뒤표지에 적혀 있습니다. 잘못 만들어진 책은 구입하신 곳에서 바꾸어 드립니다.
• 이 책은 저작권법에 따라 보호를 받는 저작물이므로 책의 내용 일부 또는 전체를 재사용하려
  면 저자와 출판사의 허락을 받아야 합니다.
• 이 도서의 국립중앙도서관 출판예정도서목록(CIP)은 서지정보유통지원시스템 홈페이지
  (http://seoji.nl.go.kr)와 국가자료공동목록시스템(http://www.nl.go.kr/kolisnet)에서 이용하실
  수 있습니다.(CIP제어번호: CIP2020010575)

ISBN 978-89-7443-128-0  03990

## 의열단, 항일의 불꽃

김삼웅 지음

일제강점기 때 일제가 가장 두려워했던 독립운동단체, 의열단 창단 100주년을 기념해 출간된 '의열단 이야기'! 의열단, 민족혁명당, 조선의용대(군)로 이어지는 '의열단'의 모든 역사를, 어느 한 사람이 아니라 '의열단'에 초점을 맞추어 그 역사를 들려준다.

## 장일순 평전
### 무위당의 아름다운 삶

김삼웅 지음 | 무위당사람들 감수

실천하는 행동인이자 고뇌하는 사색인, 생명·생태운동과 협동운동의 선구자, 무위당 장일순의 첫 평전! 사람들은 왜 장일순을 그토록 따랐고, 지금도 여전히 그리워하는가?

## 3·1 혁명과 임시정부
### 대한민국의 뿌리

김삼웅 지음

왜 '3·1 운동'이 아니고 '3·1 혁명'이어야 하는가? 1919년 3·1 혁명과 대한민국 임시정부 수립 100주년을 기념해, 독립운동사 전문가인 김삼웅 전 독립기념관장이 3·1 혁명과 대한민국 임시정부 이야기를 재미있고 깊이 있게 들려준다.